SERAFIN ALEMAN

JUEGOS DE VIDA Y MUERTE: EL SUICIDIO EN LA NOVELA GALDOSIANA

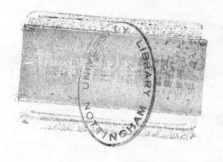

P. O. Box 450353 (Shenandoah Station)
Miami. Florida, 33145. USA.
1978

Library of Congress Catalog Card Number: 77-088535

Depósito Legal: B. 17.468-1978

ISBN: 0-89729-182-4

Printed in Spain   *Impreso en España*

Impreso en el complejo de Artes Gráficas Medinaceli, S. A.
General Sanjurjo, 53, Barcelona-25 (España)

PRÓLOGO

Con verdadero placer he leído la obra del profesor Alemán. Estoy al tanto de los problemas que confronta el crítico literario, sobre todo cuando maneja asuntos conflictivos en que entran parámetros emocionales que tienden a oscurecer la realidad de las cosas. Por eso me sorprendió agradablemente la claridad con que ha sido analizado aquí el proceso suicida en la novela galdosiana.

Por otra parte, la obra huye de tecnicismos excesivos y está escrita en un lenguaje comprensible, no sólo para los estudiosos de ambos campos sino para toda persona interesada en el proceso suicida en general.

La aportación del autor abarca tanto el campo de la novela como los de la sociología y la psicología. El cuidadoso y profundo análisis de la obra de ficción abre ante el lector múltiples perspectivas para la mejor comprensión de la obra de Galdós. El concienzudo y exhaustivo estudio del suicidio aporta conocimientos sobre este proceso que hasta el presente no habían aparecido en lengua española en un solo volumen.

De ahí que esta obra posea extraordinario interés tanto para humanistas y críticos literarios como para el público en general. Las conclusiones son tan simples como sorprendentes. Aunque diariamente leemos sobre aquéllos que ponen fin a su existencia, rara vez tenemos la oportunidad de ver qué mecanismos —casi siempre predecibles— son parte integral de tan desesperada determinación.

Espero que el lector obtenga de la lectura de esta obra —como lo obtuve yo— un mayor conocimiento sobre el suicidio en general y sobre el ser humano y la propia existencia en particular.

Nueva York, 1977.

M. DOMINICIS

5

INTRODUCCIÓN

Tratará este libro sobre uno de los fenómenos más interesantes que pueden tener lugar en el curso de la vida humana: el suicidio. Se estudiará su uso literario en la novela de Benito Pérez Galdós; dentro de los límites culturales que el medio del escritor, sus ideas religiosas y sobre todo su conocimiento de las dos disciplinas básicas que más han aportado a la descripción y al origen de ese supremo acto de desesperación y olvido: la psicología y la sociología.

No es hasta principios del siglo XIX que comienzan a aparecer tratados en que se analiza con cierta precisión el mecanismo suicida. Uno de los primeros es el de Falret,[1] que hace un detallado análisis del suicidio en Europa, basándose en un gran número de estadísticas y en los conocimientos de psiquiatría de la época. Otros como Guerry, Winslow, Morselli, etc., estudiaron el proceso suicida,[2] pero no es hasta 1897 que aparece el primer libro que verdaderamente tiene un impacto formidable en el conocimiento del proceso suicida. En ese año Emile Durkheim publica su obra *Le Suicide,*[3] donde se compilan todas las teorías existentes y se estudia una inmensa cantidad de datos sobre el suicidio. Esta obra representa uno de los pilares donde descansan las teorías sociológicas más recientes sobre el suicidio.

Durkheim, que estudió el suicidio desde un punto de vista básicamente sociológico, establece los siguientes postulados:

---

1. J. P. Falret, *De l'hypocondrie et du suicide.* París, 1822.

2. Anthony Giddens, «Introducción» a *Suicide* de T. G. Masaryk, págs. XXVII-XII.

3. Para el presente estudio se ha utilizado la traducción al inglés de dicha obra: *Suicide.* Traducido por John A. Spaulding y George Simpson. The Free Press, Illinois, 1951.

1. Mientras más hermanado esté el individuo con su religión, menor la posibilidad de suicidio.

2. Mientras mayor sea la compenetración familiar, menor la posibilidad de suicidio.

3. Mientras mayor sea la integración política con la sociedad, menor la posibilidad de suicidio (pág. 208).

Como se ve Durkheim hace hincapié en la enajenación, en la separación o aislamiento, del individuo con respecto a los demás miembros de la sociedad. Basado en los postulados expuestos, el propio autor divide el suicidio en tres categorías:

1. El suicidio «egoísta»: Cuando el individuo no está suficientemente integrado a la sociedad (págs. 152-216).

2. El suicidio «altruista»: Cuando el individuo pone los valores de la sociedad, grupo o familia por encima del propio. Un ejemplo de este suicidio sería el soldado que ofrece su vida en el campo de batalla para beneficio de la patria (págs. 217-240).

3. El suicidio «anómico»: Cuando el individuo siente que los lazos que lo unen con la sociedad cambian momentáneamente, debilitándose el ajuste que existe entre ésta y la persona (págs. 241-276).

El otro pionero moderno en el estudio del suicidio es Sigmund Freud, que lo analiza desde el punto de vista psicológico. Sus ideas básicas aparecen en «Duelo y Melancolía» (1917).[4] Define así Freud estos dos términos: «Duelo es generalmente la reacción ante la pérdida de una persona amada, o ante la pérdida de alguna abstracción que representa la patria, la libertad, o algún otro ideal. Como un efecto de estas mismas influencias, en algunos individuos, a los cuales puede atribuírseles una condición patológica, puede producirse un estado de melancolía en vez del de duelo» (pág. 164). Y un poco más adelante añade: «Las características mentales de la melancolía son un profundo abatimiento, pérdida de interés en el mundo exterior, pérdida de la capacidad de amar, inhibición de toda actividad, y una disminución en los sentimientos de auto-estimación que encuentra escape a manera de auto-reproche... y que culmina en una imaginada espera de

4. Seigmund Freud. *General Psychological Theory.* Introducción por Philip Rieff. Collier Books. New York. Quinta Edición. 1969, págs. 164-179.

castigo... La pérdida de auto-estimación está ausente en el duelo, y es precisamente esta pérdida la que lo distingue de la melancolía» (pág. 165). Habiendo establecido la diferencia entre duelo y melancolía, Freud procede a explicar las causas del suicidio: «Los tormentos inferidos a sí mismos por los melancólicos... representan una gratificación de las tendencias sadísticas y de odio... Este sadismo, solamente éste, es el que resuelve el acertijo de la tendencia al suicidio» (página 173). Su explicación es que la conducta suicida, producto del sadismo, obedece a un impulso homicida que se manifiesta primero contra otra(s) persona(s) y que finalmente se vuelve en contra de la propia persona que experimenta este impulso (pág. 173 y siguientes).

A pesar de las abundantes investigaciones posteriores llevadas a cabo por los estudiosos de tan interesante problema, las teorías de Durkheim y la de Freud siguen actualmente en vigor.[5]

El interés en el suicidio no ha sido privativo de sociólogos y psicólogos. Muchos novelistas modernos se interesaron profundamente en el mecanismo suicida, dando a la posteridad obras de arte en que el suicidio juega un papel preponderante. Baste con mencionar a algunos: Flauber, *Madame Bovary* (Madam Bovary) (1857); Dostoiewsky, *Crimen y Castigo* (Svidrigailov) (1866); Thomas Hardy, *Jude the Obscure* (Little Father Time) (1894); Galdós, *Miau* (Villaamil) (1888).

Desde la época de Homero se ha empleado el suicidio como parte integral de la obra de arte en la literatura occidental; pero lo que separa a autores como Flaubert y Galdós de otros anteriores es su preocupación por establecer antecedentes socio-psicológicos en la creación de los personajes cuya vida acaba con el suicidio.

Es precisamente en este sentido —en el de establecer antecedentes socio-psicológicos para justificar la conducta de los personajes y el desarrollo de los acontecimientos— que se distingue extraordinariamente Benito Pérez Galdós, sobre todo en sus «Novelas Contemporáneas.» En general, entre lector y escritor existe un tácito acuerdo: el escritor no lo dice todo, sino que deja a la discreción y a la experiencia vital del lector la tarea de llenar—mediante su capacidad asociativa— los detalles, que bien ex-profeso o bien por descuido, han

5. Para un estudio detallado, analizando teorías más recientes, véase: *The Cry for Help.* (Un compendio de artículos sobre la materia editado por Norman L. Farberow y Edwin S. Shneidman) McGraw-Hill Inc., New York, 1961.

sido omitidos. El lector, por su parte, lee la obra de ficción a sabiendas de que no está frente a una «realidad» real, cotidiana, sino frente a una «realidad» poética. Le toca a este último completar la obra que ha sido comenzada por el autor; cosa que hará gustoso siempre y cuando la realidad poética presentada no se oponga —en un sentido estético— a la concepción de «realidad» sustentada por quien lee.

Cuando Galdós aborda el problema del suicidio, aquel personaje que atenta contra la propia existencia tiene motivos más que suficientes que justifican su proceder dentro del campo novelesco. Aun a quienes no se hallen familiarizados con el proceso suicida, les parecerá perfectamente lógico el atentado suicida, ya que el escritor ha ido dando indicios —a través de la narración— sobre el más probable rumbo que tomará la trayectoria vital del protagonista en cuestión.

Los capítulos que siguen tratan sobre la forma en que Galdós emplea el proceso suicida como recurso literario, y se toman como ejemplos aquellos casos en que el suicidio juega un papel preponderante en la estructuración de la narrativa, pero teniendo siempre en cuenta que «la novela, como todo género literario, tiene su base en la sociedad real y refleja imaginativa, pero adecuadamente la realidad que la sustenta».[6]

6. Rafael Bosch. «El realismo en la novela: Los principios estéticos de Lifschitz y Lukacs.» *La Novela Española del siglo* XX. Las Americas Publishing Co., New York, 1970, Vol. I, pág. 49.

Capítulo I

SUICIDIOS NO CONSUMADOS

Celín

Celín [1] represnta un caso poco común en la narrativa galdosiana por su contenido fantástico y por el tratamiento tan singular dado al móvil suicida de Diana de Pioz, la principal protagonista.

Diana, que acaba de perder su novio, se halla profundamente afectada por este hecho: «El dolor de esta sin par damisela cuando le dieron la noticia del fallecimiento de su novio fue tan vivo, que no perdió el juicio por milagro de Dios» (pág. 400). La idea suicida no tarda mucho en posesionarse de ella como consecuencia de su dolor y de su esperanza en una futura unión con el ser amado:

> Su irremediable pena le había sugerido la idea de quitarse la vida, idea muy bonita y muy espiritual, porque, hablando en plata, ¿qué iba sacando ella con sobrevivir a su prometido? ¡Ni cómo era posible tolerar aquel dolor inmenso que le atenazaba las entrañas! Nada, nada, matarse, saltar desde el borde obscuro de esta vida insufrible a otra en que todo debía de ser amor, luz y dicha. Ya vería el mundo quién era ella y qué geniecillo tenía para aguantar los bromazos de la miseria humana. Esta idea, mezcla extraña de dolor y orgullo, se completaba con la seguridad de que ella y su amado se juntarían en matrimonio eterno y eternamente joven y puro (pág. 401).

Después de dar cierta consideración a la idea suicida y a los medios más apropiados para llevar a cabo tal determinación, Diana opta por

---

1. Benito Pérez Galdós, *Obras completas.* Aguilar, Madrid, 1968, Vol. VI.

acabar sus días tirándose al río: «Nada, lo mejor y más práctico era tirarse al río. Cuestión de unos minutos de pataleo en el agua, y luego el no padecer y el despertar en la vida inmortal y luminosa» (pág. 403).

Sin embargo, antes de continuar con el suicidio de Diana, Galdós hace un breve paréntesis en la narración para describir la ciudad en la que ocurren los acontecimientos:

> La ciudad de Turris se mueve. No se trata de terremotos, no; es que la ciudad anda, por declinación misteriosa del suelo, y sus extensos barrios cambian de sitio sin que los edificios sientan la más ligera oscilación ni puedan los turrotas apreciar el movimiento misterioso que de una parte a otra les lleva. Se parece, según feliz expresión del cronista, a un gran animal que hoy estira una calle y mañana enrosca un paseo. A veces, la calle que anocheció curva amanente recta, sin que se pueda fijar el momento del cambio. Los barrios del Norte se trasladan inopinadamente al Sur (pág. 403).

La ciudad tiene mucho más de fantástico que de real; pero esta descripción de ciudad tan irreal sienta las bases sobrenaturales en que se desarrollará la obra: No sólo los edificios cambian de lugar como por arte de magia, también los accidentes naturales como los ríos cambian su posición geográfica. Este vagar inordenado del río presenta un problema: ¿Cómo suicidarse en él si el caprichoso río está hoy en un lugar y mañana en otro? De la necesidad de Diana por hallar el río surge su conocimiento de un personaje muy singular que afectará notablemente su modo de pensar y de actuar: Celín.

Celín era un niño de unos seis años, cubierto de harapos, siempre dispuesto a ayudar. Diana no duda en pedirle su apoyo para encontrar el río, pero antes de dirigirse a ese lugar la infeliz enamorada quiere visitar la tumba de su novio. Celín alegremente dispónese a complacer a su nueva amiga, y cuando ésta le pregunta «¿sabes dónde está hoy?» El chiquillo responde: «El río estaba aquí esta tarde, pero se pasó ya a la otra banda. Le vi correr, levantándose las aguas para no tropezar en las piedras y echando espumas por el aire. Iba furioso, y de paso se tragó dos molinos y arrancó tres haciendas, llevándoselas por delante con árboles y todo» (pág. 405). Continúan ambos el trayecto después de visitar la tumba del amado; pero algo extraordinario comienza a ocurrile a Celín. Diana nota con asombro que Celín «era menos chico que cuando le tomó por guía» (pág. 407). No sólo eso, sino que Celín también sabía volar: «Diana no podía apreciar la razón física de aquel fenómeno, y atónita contempló las rápidas curvas que Celín describía, ya rastrando el suelo, ya elevándose hasta mayor altura que las puertas de las casas» (pág. 408).

No habían andado mucho y «cuando se pusieron de nuevo en camino, Diana notó que Celín tenía ligero bozo sobre el labio superior, vello finísimo que aumentaba la gracia y donosura de su rostro adolescente, tirando a varonil» (pág. 411). Sigue Celín creciendo por momentos y hasta llega a inspirar cierta admiración por él en Diana. «La marquesita había visto algo semejante en el Museo de Turris, y Celín le inspiraba la admiración pura y casta de las obras maestras del arte» (pág. 412).

Pero el papel de Celín no se limita a sorprender con su desmedido crecimiento y sus hazañas a Diana. Su papel principal reside en hacer desistir a la bella desafortunada de su intento suicida. Para ello, cuando llegan a la parte más profunda del río, lugar escogido por Diana para llevar a cabo su propósito, Celín hace un inocente comentario sobre las características que presenta ese lugar: «Cuando alguna persona se echa a nadar aquí, o cuando algún pastor de cabras se cae, se lo meriendan los peces en un abrir y cerrar de ojos, y al minuto de caído no queda de él ni una hebra de carne, ni una migaja así de hueso, ni nada» (pág. 410). La reacción de Diana ante el prospecto de tan horrible muerte no se hace esperar: «¡Ave María... Ave María Purísima, qué miedo! —exclamó la señorita llevándose las manos a la cabeza. Francamente yo quiero morir, puedes creérmelo; pero eso de que me coman los peces antes de ahogarme no me hace maldita gracia» (página 411).

Paulatinamente el deseo suicida en Diana va mermando como consecuencia del influjo de Celín sobre ella hasta el punto de llegar a divertirse jovialmente en compañía del joven: «Todo era motivo de algazara y risa para la saltona y vivaracha señorita de Pioz, que de cuando en cuando se acordaba de su propósito de matarse como de un sueño» (pág. 412). No es que ella deje de pensar en el suicidio; pero la prioridad dada a dicha idea va pasando a un segundo plano en su mente: «Sí, me mataré. Quedamos en que me mataría, y no me vuelvo atrás. Pero hay tiempo para todo» (pág. 412). De este plano secundario la idea del suicidio llega a desaparecer completamente cuando la joven se halla en brazos de Celín. Fascinada por aquel apuesto mozo que sólo hace unas horas era un niño, Diana siente revivir en ella el deseo por la vida: «En esto Celín la estrechó más, y ella, cerrando los ojos se reconoció transfigurada. Nunca había sentido lo que entonces sintiera, y comprendió que era gran tontería dar por acabado el mundo porque faltase de él don Galaor [su novio]. Comprendió que la vida es grande, y admiróse de ver los nuevos horizontes que se abrían a su ser» (pág. 415).

Empero, este deseo de vivir llega un poco tarde pues caen del altísimo árbol en que se hallaban subidos y «ambos cuerpos se estrellaron rebotando en 50.000 pedazos» (pág. 415). Cuando todo parecía perdido resulta que «Diana despertó en su lecho, y en su propia alcoba del palacio de Pioz, a punto que amanecía. Dio un grito, y se reconoció despierta y viva, reconociendo también con lentitud su estancia y todos los objetos en ella contenidos» (pág. 415). Totalmente despierta Diana descubre la verdadera identidad de Celín y las intenciones que le animaron:

¿No me reconoces? Soy el Espíritu Santo, tutelar de tu casa, que me encarné en la forma del gracioso Celín para enseñarte, con la parábola de Mis Edades y con la contemplación de la Naturaleza, a amar la vida y a desechar el espiritualismo insubstancial que te arrastraba al suicidio. He limpiado tu alma de pensamientos falsos, frívolamente lúgubres, como antojos de niña romántica que juega a los sepulcritos. ¡Vive, oh Diana!, y el amor honesto y fecundo te deparará la felicidad que aún no conoces. Estáis en el mundo de los humanos para gozar con prudente medida de lo poquito bueno que hemos puesto en él, como proyección o sombra de nuestro Ser. Vive todo lo que puedas, cuida tu salud; cásate, que Yo te inspiraré la elección de un buen marido; ten muchos hijos; haz todo el bien que puedas, y tiempo tendrás de morirte en paz y entrar en Nuestro Reino. Adiós, hija mía; tengo mucho que hacer. Sé buena y quiéreme siempre (pág. 416).

La utilización galdosiana del suicidio en este interesante cuento no se aparta en general de la tradición del amor cortesano, donde casi siempre la motivación suicida obedece al dolor por la pérdida del ser amado.[2] En *Celín* todo lo sobrenatural está ordenado con la finalidad de suprimir la tendencia suicida de la protagonista. El suicidio no llega a consumarse por la oportuna intervención de un inocente chiquillo, que después se convertirá en apuesto joven y finalmente en el

---

2. Otis H. Green. *España en la Tradición Occidental*. Vol. III., págs. 240-255.

Espíritu Santo. El elemento onírico está empleado para justificar los componentes irreales y fantásticos de la historieta.

Esta obra se distingue marcadamente de las que estudiaremos en el sentido de que el uso del aspecto socio-psicológico no predomina en la narración. Como dice José F. Montesinos, «porque nada le encanta [a Galdós] como dejar a la fantasía su libre vuelo, y que esto le permite además escribir una prosa que valga por ella misma, que no tenga que plegarse a las exigencias de la novela que tiene que hacer, que no sea expresivo de realidades comunes, a menudo míseras o sórdidas».[3]

Marianela

Marianela ha recibido mayor atención de la crítica que *Celín*. Casalduero, por ejemplo, estudia la novela haciendo hincapié en el simbolismo y en sus relaciones con la filosofía de Comte.[4] Montesinos es otro que se ocupa de *Marianela,* poniendo mayor interés en el aspecto sociológico de la obra;[5] mientras que Eoff analiza la psicología de los personajes.[6] Sin embargo, ninguno de estos estudios analiza a fondo el proceso del atentado suicida de Marianela. Dentro de la ficción galdosiana *Marianela* se acerca mucho más que Celín a la realidad, en el sentido de que refleja en sus páginas muchas de las características socio-psicológicas que exhibe la sociedad moderna.[7]

Así como *Celín* representa un caso poco común en la narrativa galdosiana debido a la ausencia de elementos socio-psicológicos en la conformación de la motivación vital del personaje, *Marianela*[8] ofrece en su estructura una mayor preocupación del autor por estable-

3. *Galdós*. Editorial Castalia. Madrid, 1968.

4. Joaquín Casalduero. *Vida y Obra de Galdós*. Biblioteca Románica Hispánica. Editorial Gredos - Las Américas Publishing Co. Madrid, New York. Nueva Edición Aumentada. 1951. páginas 221-246.

5. José F. Montesinos. *Galdós*. Editorial Castalia. Madrid. 1969, págs. 235-250.

6. Sherman H. Eoff. *The Novels of Pérez Galdós*. Washington University Studies. Saint Louis. 1954. Principalmente págs. 10-11 y 132-133

7. Sobre este particular, véase: *Neurosis and Human Growth* de Karen Horney. W. W. Norton & Co., New York, 1950. El Capítulo 6, «Alienation from Self», resulta sumamente esclarecedor en lo que respecta a las relaciones socio-psicológicas del hombre moderno, (págs. 155-175).

8. Todas las citas referentes a esta obra se tomarán de: Benito Pérez Galdós. *Obras Completas*. Aguilar, 1966. Vol. IV.

cer estos elementos en la persona de Marianela. El impulso suicida en ambas obras tiene el mismo origen: el deseo de dejar de vivir debido a la pérdida del ser amado, y a la esperanza de una vida extraterrenal más placentera. Pero si en *Celín* todos los acontecimientos suceden principalmente en un sueño y poseen características sumamente irreales, en *Marianela* las fuerzas de interrelación social y el proceso mental de la protagonista juegan un papel cimero en la obra.

Se ha hablado brevemente sobre la importancia que tienen los lazos que unen a un miembro de la sociedad con los otros integrantes de ésta, y de cómo la disolusión o debilitamiento de éstos puede llevar primero a la enajenación o aislamiento y luego al suicidio.

Nela (Marianela) hace su aparición en el mundo novelesco con escasos atributos físicos pues «era como una niña, su estatura debía contarse entre las más pequeñas, correspondiendo a su talle delgadísimo y a su busto mezquinamente constituido. Era como una jovenzuela, pues sus ojos no tenían el mirar propio de la infancia, y su cara revelaba la madurez de un organismo que ha entrado o debido entrar en el juicio. A pesar de esta desconformidad, era admirablemente proporcionada, y su cabeza chica remataba con cierta gallardía el miserable cuerpecillo. Alguien la definía mujer mirada con vidrio de disminución; alguno, como una niña con ojos y expresión de adolescente. No conociéndola, se dudaba si era un asombroso progreso o un deplorable atraso» (pág. 691). La lectura continuada de esta obra no deja lugar a dudas: su mezquino cuerpecillo exhibe un «deplorable atraso» —sobre todo si se toma en consideración que Nela tenía dieciséis años de edad cuando ocurren los acontecimientos.

Las fuerzas que unen a Nela con el resto de la sociedad y con su improvisada «familia» son bastante precarias. Después de haber perdido a sus padres la Nela fue recogida por la familia Centeno en una casa «baja de techo, pequeña para albergar en sus tres piezas a los esposos Centeno, a los cuatro hijos de los esposas Centeno, el gato de los esposos Centeno, y, por añadidura, a la Nela, la casa figuraba en los planos de vitela de aquel gran establecimiento ostentando orgullosa, como otras muchas este letrero: *Vivienda de capataces*» (pág. 694). Más que otro miembro de la familia la Nela era una especie de objeto en ese hogar —un objeto inútil, cuya presencia estorbaba: «La Nela, durante los largos años de su residencia allí, había ocupado distintos rincones, pasando de uno a otro conforme lo exigía la instalación de mil objetos que no servían sino para robar a los seres vivos el último pedazo de suelo habitable» (pág. 694). Dormía en unas cestas de mimbre en la cocina y comía cuando los otros miembros de la familia se acordaban de su existencia: «Durante la comida, y entre la algazara de una conversación animada sobre el trabajo de la mañana, oíase una voz que, bruscamente, decía: ¡Toma! La Nela recogía una escudilla de manos de cualquier Centeno, grande o chico, y se sentaba contra el arca a comer sosegadamente» (pág. 695).

Los esposos Centeno, que no se ocupaban apenas de sus propios hijos, atendían mucho menos a Nela y jamás le proporcionaban ni la más mínima muestra de cariño: «Todo demostraba que su jerarquía dentro de la casa era inferior a la del gato, cuyo lomo recibía blandas caricias, y a la del mirlo, que saltaba gozoso en su jaula. Al menos de éstos no se dijo nunca con cruel compasión 'Pobrecita, mejor cuenta le hubiera tenido morirse'» (pág. 698). El único miembro de la familia con quien Nela mantenía una verdadera relación amistosa era con Celipín. Un niño de doce años, que trabajaba igual número de horas en las minas y que dormía también en la cocina de la casa. Numerosas son las pruebas de afecto dadas por Nela al pequeño Celipín; pero aparentemente los lazos afectivos que la unen al niño no son lo suficientemente fuertes como para que Nela no sienta la necesidad de buscar fuera del «hogar» el cariño que en él no encuentra.

La capacidad afectiva de Nela se centra en Pablo, un joven ciego a quien acaba sirviéndole de lazarillo, cuya «edad no pasaba de los veinte años; su cuerpo, sólido y airoso, con admirables proporciones construido, era digno en todo de la sin igual cabeza que sustentaba. Jamás se vio incorrección más lastimosa de la Naturaleza que la que tal representaba, recibiendo, por una parte, admirables dones; privado por otra, de la facultad que más comunica al hombre con sus semejantes y con el maravilloso conjunto de lo creado» (pág. 700). No es nada extraño, dadas las cualidades físicas y mentales de tal personaje, que Nela sienta una enorme atracción por Pablo y que llegue a enamorarse de él hasta el punto de sufrir una transformación extraordinaria: «Mirándola, se creía ver un relampagueo de reflejos temblorosos, como los que produce la luz sobre la superficie del agua agitada. Aquella débil criatura, en la cual parecía que el alma estaba como prensada, se crecía maravillosamente al hallarse sola con su amo y amigo. Junto a él tenía espontaneidad, agudeza, sensibilidad, gracia,

17

2

donosura, fantasía. Al separarse, creeríase que se cerraban sobre ella las negras puertas de una prisión» (págs. 701-702). Los sentimientos de Nela por Pablo son correspondidos por éste, que en su ceguera la imagina como «la belleza más acabada... ¿Cómo podría suceder que tu bondad, tu inocencia, tu candor, tu gracia, tu imaginación, tu alma celestial y cariñosa, que ha sido capaz de alegrar mis tristes días: cómo podría suceder, cómo que no estuviese representada en la misma hermosura?» (pág. 706). «Yo te juro» —dice Pablo en animado coloquio con Nela— «que te querré mientras viva, ciego o con vista, y que estoy dispuesto a jurarte delante de Dios un amor grande, insaciable, eterno» (pág. 710).

La felicidad de Nela se trunca al saber que Teodoro Golfín, el famoso médico que acaba de llegar al pueblo, le devolverá la vista a Pablo mediante una operación quirúrgica. Ella sabía perfectamente que no era hermosa y que una prima de Pablo, Florentina, que se halla también en el pueblo con miras a un posible matrimonio con éste, sí lo era. Sabe también Nela que sus posibilidades de triunfo ante tan considerable rival son inexistentes y cae en un agudo estado de melancolía y «veía que sus celos y despecho» [por Florentina] —«Se convertían graciosamente en admiración y gratitud—. Lo que no sufría metamorfosis era aquella pasioncilla que antes llamamos vergüenza de sí misma, y que la impusaba a eliminar su persona de todo lo que pudiera ocurrir ya en Aldeacorba. Era como un aspecto singular del mismo sentimiento que en los seres educados y cultos se llamaba amor propio, por más que en ella revistiera los caracteres del desprecio de sí misma» (pág. 734). Esos «celos y despecho» no son nada más que una manifestación de la agresividad de la Nela por Florentina; pero esa manifestación nunca llega a materializarse porque lo que debió haber sido odio se ha convertido en amor por su rival —quien se ha hecho su protectora—. La agresividad [9] se vuelva en la propia persona de Nela, y la tentativa de auto-destrucción no se hace esperar: «La Nela avanzó después más rápidamente.» [Hacia el abismo donde había perdido la vida su progenitora]. «Al fin, corría. Golfín corrió también. Después de un rato de esta desigual marcha, la chiquilla se sentó er

9. «Tratando de comprender mejor el comportamiento suicida, muchos investigadores han considerado el suicidio como una forma de agresión. Si el matar o herir a otra persona e una agresión, tiene mucho sentido el suponer que matarse o herirse a sí mismo es también una expresión de agresividad.» *Suicide* de Gene Lester y David Lester, Prentice-Hall, New Jersey, 1971 Capítulo 7, «Suicide and Aggressiveness», págs. 52-55.

18

una piedra. A sus pies se abría el cóncavo hueco de la Trascava, sombrío y espantoso en la oscuridad de la noche. Golfín esperó, y, con paso muy quedo, acercóse más... La Nela miraba hacia abajo... De pronto empezó a descender rápidamente, más bien resbalando que corriendo» (pág. 739).

El suicidio no llega a consumarse dada la oportuna intervención de Teodoro Golfín; pero quedan ya sentados el poco interés que poseía Nela por continuar viviendo y el anhelo cada vez más fuerte de unirse con su madre en el más allá: «¿Atentas contra tu vida?» —[pregunta Golfín a la Nela]—. «Dime tontuela: arrojándote a ese agujero ¿qué bien pensabas tú alcanzar? ¿Pensabas estar mejor?

«Sí, señor... —Le contesta la Nela—: No sintiendo nada de lo que ahora siento, sino otras cosas mejores, y juntándome con mi madre» (página 740). Ya puede verse que las fuerzas que atan a Nela con la vida son mucho más débiles que aquéllas que la atraen hacia la muerte.

Teodoro Golfín, que ha sabido comprender la situación de la infeliz mujer-niña resume admirablemente las causas que motivaron la conducta suicida de Nela: «Nada tiene de extraño; al contrario, es muy natural lo que te pasa. Tienes un temperamento sentimental, imaginativo; has llevado con tu amo la vida libre y poética de la naturaleza, siempre juntos, en inocente intimidad. Él es discreto hasta no más, y guapo como una estatua... Parece la belleza ciega hecha para recreo de los que tienen vista. Además, su bondad y la grandeza de su corazón cautiva y enamoran. No es extraño que te haya cautivado a ti que eres niña, casi mujer, o una mujer que parece niña» (pág. 742).

En lo que respecta al atentado suicida de Nela no puede decirse que ella estuviese firmemente integrada a la vida familiar ni a la vida social. Los lazos afectivos que la atan a su familia adoptiva son casi nulos —exceptuando las relaciones existentes entre ella y Celipín—. Los miembros de la casa Centeno la tratan como a un trasto más en la casa y no le prodigan la más mínima atención ni cariño. Sus relaciones sociales se limitan a servirle de lazarillo al ciego Pablo —de quien acaba enamorándose.

Su amor por el ciego hace que ella encuentre una verdadera razón para vivir; pero al desaparecer toda esperanza de este amor con la intervención de Florentina, el único verdadero afecto que la ata a la vida deja de existir; quedando así sentadas las bases para el atentado suicida —que nunca llega a consumarse— y para la «muerte por

19

amor» de Marianela. En esta obra Galdós no presenta una dialéctica anti-suicida como en *Celín,* sino que se limita como buen observador a exponer las causas y el mecanismo que llevaron a Marianela a atentar contra su vida tomando en consideración las relaciones sociales y afectivas de la protagonista. Como bien dice Eoff: «En cierto sentido la novela narra la historia de una inútil y trágica lucha por crear y mantener la auto-estimación en una joven obstaculizada por las fuerzas de la naturaleza y la sociedad.» [10] En *Marianela,* aunque la naturaleza ejerce bastante influencia, el aspecto socio-psicológico juega un papel importantísimo en lo que respecta a la motivación suicida de Nela. Cierto que los personajes principales —un ciego bien parecido y una mujer-niña— no pueden considerarse enteramente «normales»; pero los impedimentos físicos bien pudieran haber sido pasados por alto si la posición económica y social de los protagonistas hubiese sido diferente.

Tiene sobrada razón Eoff al afirmar que «*Marianela* se ajusta a la creciente tendencia de Galdós por crear la narración partiendo de una reacción progresiva de los personajes a una cadena de circunstancias sociales» (pág. 11).

Tormento

Tormento [11] posee ciertas semejanzas con las dos obras estudiadas anteriormente en el sentido de que la motivación suicida obedece —por lo menos en parte— a la pérdida (o a la posible pérdida) del ser amado; pero se diferencia de *Celín* y *Marianela*— entre otras cosas— en que Amparo, la principal protagonista, no es físicamente anormal ni es tampoco una niña inocente. Ha «perdido su honor» al haberse entregado en un momento de debilidad al cura Pedro Polo, quien enloquecido de amor trata de impedir el matrimonio de ésta con Agustín Caballero.

Amparo, enterada por una carta de Polo de que éste vino a Madrid a entorpecer sus planes matrimoniales piensa en el suicidio como solución:

10. Sherman H. Eoff. *The Novels of Pérez Galdós.* Washington University Studies. Noviembre de 1954, Saint Louis, pag. 10.

11. Las citas se tomaron de: *Obras Completas* de Benito Pérez Galdós. Aguilar, Madrid, Tomo IV, 1966.

No pudo acabar de leer y cayó en un largo paroxismo de ira y terror, del cual hubo de salir sin más idea que la del suicidio. «Me mataré —pensó—, y así concluirá este suplicio». Pugnando luego por encender en su pecho la esperanza, como cuando se quiere hacer revivir un moribundo fuego y se soplan las ascuas para levantar llama, empezó a discurrir argumentos favorables y a quitar al hecho toda la importancia que tenía...

Otras soluciones se le ocurrieron: dar parte a la Justicia, huir de Madrid, confesarse a Caballero... ¡Oh si ella tuviera pecho para esto último...! Lo demás era patraña. Sobre todas las soluciones descollaba la de matarse: ésta sí que era buena (pág. 1534).

Por otra parte, su conciencia no la deja tranquila porque no ha tenido el valor necesario para confesarle a Caballero su pecado: «—No puedo casarme... ¡Imposible, imposible!... Pues que, ¿así se pasa por encima de una falta tan grave? Mi conciencia no me permite engañar a ese hombre de bien... Ya sé lo que tengo que hacer. Ahora mismo voy a mi casa; le escribo una carta, una carta muy meditada, diciéndole: ¡No puedo casarme con usted... por esto, por esto y por esto!» (pág. 1539).

Paulatinamente va arraigándose en ella la idea del suicidio y estudia la manera más práctica de quitarse la vida: «Pasó revista a las diferentes suertes de suicidio: el hierro, el veneno, el carbón, arrojándose por la ventana. ¡Oh!, no tenía valor para darse una puñalada y ver salir su propia sangre. Tampoco se encontraba con fuerzas para dispararse una pistola en las sienes. Los efectos infalibles y fáciles del carbón la seducían más. Según había oído decir, la persona que a la acción de aquel veneno se sometía... se dormía dulcemente y en aquel sueño delicioso pasaba al otro mundo, sin agonía...» (pág. 1551).

Finalmente Pedro Polo desiste de su empeño de romper el matrimonio; pero Caballero acaba enterándose de la «caída» de Amparo, y ésta de que su futuro esposo conoce su secreto. Perdida toda esperanza de rehacer su vida, Amparo opta por envenenarse y manda a Felipe Centeno, el criado de la casa, a comprar veneno a la farmacia. Pero Centeno, que se imaginó los nefastos propósitos de ella, decide deshacerse del veneno y en su lugar le da una solución de guayacol y agua —que toma valientemente Amparo, pensando así resolver la tragedia de su vida—. Varios días después del atentado suicida la protagonista reúne las fuerzas necesarias para confesar su pecado a

Agustín, quien a la postre no llegará a casarse con Amparo, sino a convertirla en su amante.

Galdós en esta obra pone mucho énfasis en dibujar las convenciones sociales y los efectos de éstas en las conducta de los personajes, y es precisamente en estas convenciones donde se puede hallar la motivación suicida de Amparo. Cierto que la causa principal del suicidio es producto del temor por la pérdida del ser amado; pero ese temor tiene su origen en «el qué dirán», y sobre todo en «el qué dirá» Caballero al enterarse del pasado de Amparo. Quizá de haber sabido éste con anterioridad los hechos, hubiera adoptado una actitud diferente ante aquélla; pero los convencionalismos establecen determinadas reglas sociales y a ellas hay que atenerse.

Según Eoff, «Amparo alcanza a través de la autodeterminación una independencia regenerativa con respecto a las convenciones... No es ya una esclava a las leyes sociales porque ha triunfado sobre sí misma. Caballero y Amparo representan la victoria del individuo sobre las convenciones sociales».[12] Pero esta «victoria» es sólo parcial, porque Caballero al no querer casarse con Amparo no está nada más que siguiendo la tácita convención social de que el hombre debe de casarse con una virgen, con una señorita «decente»; y no con una mujer que «ha caído en desgracia».

Ahora bien, ¿cómo puede enfrentarse Amparo a Caballero después que ésta le ha engañado? ¿Cómo justificar su proceder? La cobardía de la protagonista ofrece una respuesta lógica al lector; pero Caballero carece de la omnisciencia de éste y no puede penetrar dentro de la mente de la protagonista. Él necesita tener pruebas palpables del amor que dice sentir por él Amparo. Para que ésta pueda quedar bien ante los ojos de Caballero, tiene que probar su valía como mujer decente; y la solución que ella encuentra a este dilema es el suicidio. Mediante la tentativa suicida Amparo ha probado a Caballero que verdaderamente le quiere, y que se siente profundamente avergonzada de su pasado y de su proceder. Sólo después de haber atentado contra su vida puede ella mirar de frente a quien hubiera sido su esposo ante Dios y ante los hombres; pero éste conociendo el «pasado pecaminoso», se ve obligado a situarla en un plano diferente al anterior: en el de amante.

12. Sherman H. Eoff. *The Novels of Pérez Galdós*, pág. 118.

El atentado suicida en *Tormento*, cuya motivación obedece al dolor de la pérdida del ser amado, puede interpretarse como el instrumento de que se vale Galdós para aumentar la estatura moral de la protagonista —no sólo con relación a Caballero, sino con relación a ella misma.

Fortunata y Jacinta

Otra de las figuras de la narrativa galdosiana que atenta contra su vida es Maximiliano Rubín, uno de los personajes principales de *Fortunata y Jacinta*.[13]

Maximiliano (Maxi) «era raquítico, de naturaleza pobre y linfática, absolutamente privado de gracias personales. Como que había nacido de siete meses y luego me lo criaron con biberón y con una cabra...» (pág. 158).

> Era de cuerpo pequeño y no bien conformado, tan endeble que parecía que se lo iba a llevar el viento, la cabeza chata, el pelo lacio y ralo. ...Tenía el hueso de la nariz hundido y chafado, como si fuera de substancia blanda y hubiese recibido un golpe, resultando de esto no sólo la fealdad, sino obstrucciones de respiración nasal, que eran, sin duda, la causa de que tuviera siempre la boca abierta. Su dentadura había salido con tanta desigualdad, que cada pieza estaba, como si dijéramos, donde le daba la gana (pág. 161).

Este sietemesinos, este «molusco» —como le llama Galdós—, tiene la osadía de enamorarse de una mujer que no es nada menos que un dechado de perfecciones físicas: Fortunata.

El primer encuentro de éste con aquélla deja una profunda huella en su ser: «... encaró Maximiliano con la más extraordinaria hermosura que hasta entonces habían visto sus ojos. Ella le miró a él como una cosa rara, y él a ella como a sobrenatural aparición... Maximiliano contemplaba como un bobo aquellos ojos, aquel entrecejo incomparable y aquella nariz perfecta...» (pág. 165).

Cuando llega a existir la amistad entre ambos, Fortunata le cuenta a Maximiliano que ella ha tenido relaciones sexuales con varios hombres y que aún está enamorada de Juanito Santa Cruz, el esposo

13. Benito Pérez Galdós. *Obras Completas*. Aguilar, Vol. V., 1965.

de Jacinta —mujer de un valor moral extraordinario, pero incapaz de tener hijos—. A pesar de esto, Maxi decide tomar bajo su protección a Fortunata y le consigue un lugar para que viva decentemente. Finalmente llega a casarse con ella, a pesar de saber que Fortunata están aún enamorada de Juanito. «Se casa con Fortunata, queriendo creer que puede ser suya mujer tan hermosa. Está claro, aunque el especialísimo pudor de Galdós no lo diga, que Maximiliano es impotente, y, por lo tanto, sus relaciones conyugales con Fortunata condenadas, en cualquier caso, a frustarse; él se ha refugiado en un mundo propio y confía en que los baluartes del sueño y el ensueño le defenderán de las inexorables embestidas de la realidad. Consigue de Fortunata cuanto un hombre así podría lograr de una mujer, comprensión y piedad. Fortunata es buena, llega a quererle, como se quiere a una animal doméstico y en la alcoba, que sólo irónicamente se podría llamar conyugal, acoge al pobre enfermo en sus brazos y le consuela con mezcla de lástima y desdeñoso cariño».[14] Desafortunadamente para Maxi las relaciones amorosas entre Juanito y Fortunata se reanudan. Durante la propia noche de bodas Juanito trata de tener relaciones sexuales con Fortunata. En esta ocasión ella no accede a los deseos del joven; pero algunos días más tarde se entrega de nuevo a su antiguo amante.

Maxi no tarda en enterarse del desliz de su esposa y sale en busca de Juanito para pedirle cuentas. Cuando lo encuentra le reprocha agriamente su conducta y trata de agredirlo; pero Juanito, físicamente mucho más fuerte que Maxi, acaba dándole una regia paliza:

> No esperó Santa Cruz a oír más, ni su amor propio le permitía dar explicaciones, y con un movimiento vigoroso de su brazo derecho rechazó a su antagonista. Más que una bofetada fue un empujón; pero el endeble esqueleto de Rubín no pudo resistirlo; puso un pie en falso al retroceder y se cayó al suelo...
> De la oprimida garganta del desdichado joven salía un gemido, estertor de asfixia. Sus ojos reventones se clavaban en su verdugo con un centelleo eléctrico de ojos de gato rabioso y moribundo (pág. 286).

Hasta este punto la trayectoria de integración de la personalidad de Maxi había seguido una línea ascendente: Había logrado liberarse del fuerte tutelaje de su tía, doña Lupe la de los pavos, y había reali-

14. Ricardo Gullón. *Galdós, novelista moderno.* Gredos, Madrid, 1966, pág. 221.

zado el sueño de su vida casándose con la mujer a quien quería. Pero desafortunadamente Maxi es incapaz de competir con personas mejor preparadas que él para la vida. Después que su honor ha sido mancillado, Maxi tiene que enfrentarse a la realidad, a las convenciones sociales, al «qué dirán». Evidentemente no tiene los atributos físicos necesarios para ejercer sus funciones de esposo, y por otra parte su honor no le permite pasar por alto la afrenta de que ha sido objeto. Sin embargo, tiene que seguir viviendo dentro de la sociedad; y para ello se ve obligado a escoger entre dos alternativas: la locura o el suicidio.

Galdós ya había hecho patentes ciertos indicios de que Maxi no andaba muy bien de sus facultades mentales: «...el cerebro» —[el de Maxi]— «se le iba calentando, hasta llegar a una presión altísima, en que el joven errante se figuraba estar persiguiendo aventuras y ser muy otro de lo que era... se iba calentando de tal modo los sesos, que se lo llegaba a creer. Y si aquello le durara, sería tan loco como cualquiera de los que están en Leganés» (pág. 163). Después de haber sido humillado y golpeado por Juanito, los síntomas que anuncian la demencia en Maxi se recrudecen marcadamente: «A ratos se paraba, prorrumpiendo en risas de demente. Ya cerca de la iglesia aparecieron dos individuos de Orden Público, que viendo a Maxi en aquel estado, le recibieron muy mal. Pensaron que era un pillete, y que los golpes que había recibido le estaban muy bien merecidos... Le cogieron por el cuello de la americana con esa paternal zarpa de la justicia callejera.

—¿Qué tiene usted? —le preguntó uno de ellos, malhumorado.

Maxi contestó con la misma risa insana y delirante...» (pág. 287).

El episodio en que Maxi se enfrenta con Juanito Santa Cruz no es nada más que una manifestación de la agresividad que siente hacia su rival; pero esta agresividad no tarda en volverse contra su propia persona, y piensa en suicidarse después que Fortunata ha abandonado la casa: «Porque si le encuentro» —[a Fortunata]— «y no quiere venir me mato, juro que me mato. No vivo más así, señor; te digo que no me da la gana de vivir más así. Yo veré el modo de buscar en la botica un veneno cualquiera que acabe pronto...» (pág. 411). Empero, la transferencia de agresividad no es total porque un poco más adelante Maxi no sólo quiere acabar con su propia existencia sino también con la de Fortunata —a quién propone un pacto suicida—:

«Querida mía», —[le dice Maxi a Fortunata]— «o estás conmigo o estás contra mí; decídete pronto. ¿Estás dispuesta a tomar la llave de la puerta y escaparte conmigo? ¿Sí? Pues lo primero es no tener horror a la muerte, que es la puerta, estar siempre mirándola y prepararse para salir por ella cuando llugue la hora feliz de la liberación» (pág. 439).

A Fortunata, que la idea del pacto suicida jamás le había entusiasmado en lo más mínimo, siente en sus entrañas latir el hijo de Juanito y quiere más que nunca seguir viviendo para cuidar el fruto de sus amores: «...Ya me pondré yo en salvo. Mátate tú, si quieres, que yo tengo que vivir para criarlo..., va a ser el consuelo de mi vida... Mi hijo es una nueva vida para mí... si no lo sintiera aquí dentro, yo y tú seríamos iguales, tan loco el uno como el otro, y entonces sí que debíamos matarnos» (págs. 470-471).

Maxi, debido al cuidado que con él han tenido su tía Lupe y Fortunata, nunca llega a realizar su propósito suicida, pero el dolor ante el engaño de Fortunata y las presiones sociales que le obligan a mantener su honor de esposo son tan fuertes que le compelen a encontrar una vía de escape a su situación. Esta vía de escape, que ya había sido señalada por Galdós, es la locura. La única forma en que puede Maxi escapar a la trágica realidad que lo rodea es precisamente huyendo de ella, refugiándose en un mundo ideal que sólo existe dentro de su mente. El propio Maxi, en un momento de lucidez, cae en la cuenta de cuales fueron los motivos que lo condujeron al atentado suicida y a la locura: «—La quise con toda mi alma—. Hice de ella un objeto capital de mi vida, y ella» —[Fortunata]— «no respondió a mis deseos. No me quería... Miremos las cosas desde lo alto: no me podía querer. Yo me equivoqué, y ella también se equivocó... No contamos con la Naturaleza, que es la gran madre y maestra que rectifica los errores de sus hijos extraviados» (páginas 546-547). En su locura Maxi logra separarse de cuanto pudiera afectarle, y halla en su aislamiento la paz y felicidad que no encontró cuando era relativamente cuerdo.[15]

A Maxi, que acaba en un manicomio, le importa poco lo que

15. «El grado mayor de aislamiento está representado en la locura... que representa la mayor distancia en que se halla el individuo con respecto a sus semejantes — quizá con la posible excepción del suicidio.» Alfred Adler. *What Life Should Mean to You.* Capricorn Books, N. Y., 1958, página 255.

pudiera suceder a su cuerpo; ya se ha liberado de éste y nada en el mundo puede afectarle:[16] «—¡Si creerán estos tontos que me engañan! Esto es Leganés. Lo acepto, lo acepto y me callo, en prueba de la sumisión absoluta de mi voluntad a lo que el mundo quiera hacer de mi persona. No encerrarán entre murallas mi pensamiento. Resido en las estrellas. Pongan al llamado Maximiliano Rubín en un palacio o en un muladar... Lo mismo da» (pág. 548).

La figura de Maximiliano Rubín presenta varios puntos de contacto con aquellas estudiadas anteriormente; sobre todo en lo que respecta a la motivación suicida que obedece —por lo menos en parte— a la pérdida del ser amado. Diana de Pioz y Marianela no llegan a alcanzar nunca la posesión del objeto amado, mientras que Amparo y Maximiliano sí lo logran. Amparo resuelve su situación dando de lado a las convenciones sociales, uniéndose a quien quiere; pero Maxi es incapaz de manifestar su amor físicamente y nunca llega a ejercer la función de esposo. Esta deficiencia física de Maximiliano, unida a su amor por Fortunata, y al papel social que el joven se ve obligado a desempeñar motivan la conducta suicida del protagonista. El único lazo afectivo que verdaderamente une a Maxi con la sociedad y con la vida —el amor que siente por Fortunata— llega a romperse ante el engaño de ella y ante las presiones sociales que tal engaño implica. El suicidio bien pudo haber servido como «puerta de escape», pero Galdós en su calidad de demiurgo ha sido generoso con Maximiliano permitiéndole conservar la vida, a la vez que ha elevado su estatura moral situándole muy por encima de todas las pequeñeces que día a día ocupan a espíritus menos dignos.

De los cuatro personajes estudiados que atentan contra su vida los dos que presentan más características comunes [17] son Marianela y Maximiliano Rubín. Ambos son físicamente inferiores, menores de veinte años de edad, sus padres han muerto, y sus relaciones sociales y familiares son nulas o bastante precarias. En otras palabras,

---

16. R. D. Laing en *The Divided Self*, Penguin Books, Baltimore, 1971, describe el caso de un esquizofrénico que experimenta una separación entre pensamiento y cuerpo muy similar a la de Maximiliano. en aquel caso el «yo» [la mente] del paciente logra independizarse del cuerpo. Este autor también señala que esta dicotomía entre mente y cuerpo físico es común entre los místicos y grandes pensadores como Sócrates, págs. 64-77.

17. Sobre este particular véase: *The Novels of P. Galdós* de S. H. Eoff págs. 24-30 y «A Source for Maxi Rubín in *Fortunata y Jacinta*.» por E. Dale A. Raudolph en *Hispania*, Vol. 51-I, marzo de 1968, págs. 49-56.

están parcialmente marginados de la sociedad en que viven. Frente a ellos Galdós coloca como objeto de sus amores a seres que son físicamente mucho más hermosos que ellos, acentuando así el contraste que existe entre la fealdad de unos y la belleza de otros. Sin embargo, el autor que ha desprovisto a Marianela y a Maximiliano de perfecciones físicas los ha dotado de cualidades morales extraordinarias. En el mecanismo suicida de los personajes analizados —exceptuando a Diana de Pioz— Galdós ofrece suficientes elementos de juicio socio-psicológicos en que basar su conducta. La idea de la autodestrucción no surge *Deus ex machina,* de la nada, sino que es producto de la interacción de la conducta de los seres en la narración.

En los siguientes capítulos se tratará sobre los suicidios consumados y se estudiarán aquellas novelas en las que el acto llega a efectuarse. Dado que Galdós dedicó parte importante de sus novelas a la descripción del suicidio, cada obra se analizará por separado con objeto de dar una visión más completa de este mecanismo.

Capítulo II

Realidad

El lector está ya familiarizado con la figura de Federico Viera, cuya muerte es objeto de especulaciones en *La incógnita* —donde se ponen de relieve la mayoría de los personajes de *Realidad*—. En la primera de estas obras Manolo Infante, un amigo de Viera, escribe a un tal Equis en Orbajosa, contándole las peripecias ocurridas en Madrid. Manolo relata la muerte de Federico como un «crimen» sobre el que existen diferentes versiones: «De seis o siete versiones recogidas en el Casino, elijo la que tiene más prosélitos. Orozco es eliminado de esta hipótesis, y no figura para nada en el crimen. En cambio, aparece otro personaje que nadie sabe quién es: un segundo amante de la desgraciada Augusta. Cómo se determina la participación en el drama de este nuevo elemento, es cosa que cada cual explica a su modo, con criterios y puntos de vista originalísimos. Algunos atestiguan y refieren el lance como si lo hubieran visto. Uno de los presentes sostienen que Augusta entró en la casa con el desconocido a eso de las nueve y media. Las once serían cuando entró Federico» (págs. 769-770).

Todas las dudas presentadas en *La incógnita* se resolverán en *Realidad*. Para ello Galdós regresa al pasado, situando al lector como testigo presencial de los acontecimientos.

En las primeras páginas de *Realidad* se aclara la verdadera relación existente entre Federico y Augusta, (la esposa de su amigo Orozco), en una conversación sostenida entre ambos:

AUGUSTA. (En pie, airada). Al fin se ha ido Manolo, el centinela de vista, y podemos hablar un instante. Tengo que decirte que te estás portando indignamente.

FEDERICO. ¿Yo? ¿Por qué? (Va a la puerta, atisba y retrocede). También yo deseaba que estuviéramos solos para poder decirte...

AUGUSTA. ...No sé que tienes en esos ojos..., la traición, la mentira y el cinismo. (Muy agitada). Ya me estoy acostumbrando a la idea de que te vas de mí, atraído por personas indignas, que no quiero ni debo nombrar.

FEDERICO. No digas disparates. ¿Te espero mañana?

AUGUSTA. No, repito que no. (Mirando al salón con recelo). No vuelvo más; no me mereces.

FEDERICO. Que no te merezco ya lo sé; pero ¡tiene uno tantas cosas que no merece! ¡Dios es tan bueno!... ¿Irás?

AUGUSTA. No quiero. Bien claro te lo digo.

FEDERICO. ¡Y yo que tenía que contarte tantas cosas!

AUGUSTA. (Con viva curiosidad). ¿Qué cosas? Cuéntamelas ahora (págs. 803-804).[1]

Y un poco más adelante se cuenta la historia de la pasión de Augusta por Federico, mientras ésta se halla en un estado de semivigilia muy semejante a un sueño que se tiene despierto: «Ya, ya sé que es lo primero que debo decir: cuando empezó mi infidelidad y la razón de ella. ¿La razón de ella? ¡Yo que sé! Esas cosas no tienen razón. Le traté algún tiempo, ya casada, sin sospechar que le quería con amor. No caí en la cuenta de que estaba prendada de él sino cuando me declaró que se había prendado de mí. Tres días de ansiedad y de lucha precedieron a uno memorable para mí. ¡Vaya diíta, Señor! No me acuerdo bien de lo que sentí aquel día. La vida se me completó. Le amé locamente, y cuando me fui enterando de sus desgracias, de las cadenas ocultas que arrastra el pobrecito, le quise más, le adoré» (pág. 808).

Paulatinamente van esclareciéndose todas las dudas planteadas en *La incógnita;* pero sólo al final de *Realidad* se entera el lector de que Federico no ha sido asesinado, sino que se ha suicidado. Es en esta última obra donde se manifiestan las motivaciones y el mecanismo de la idea suicida que llevó a Federico a acabar con su vida.

A primera vista tal parece que el remordimiento y el honor son las causas principales que conducen a Federico al suicidio: «El cre-

1. Benito Pérez Galdós. *Obras Completas.* Vol. 5. Aguilar, Madrid, 1965. *La incógnita* aparece en las páginas 687 a 788, y *Realidad* en las págs. 791-902, de este volumen.

ciente remordimiento de Federico por haber traicionado a su amigo [Orozco] «le conduce al suicidio, la única solución de su dilema».[2] El autor de esta cita, Penuel, tiene sobrada razón, dada su perspectiva, para pensar así, puesto que la obra ofrece innumerables ejemplos en que el remordimiento parece ser la causa principal del suicidio. Casalduero, por otra parte, coloca en un plano cimero de la motivación suicida la idea del honor de Federico: «No se suicida por causas económicas, sino por estar deshonrando a su amigo, como amante de su mujer. Federico no sucumbe ante un enemigo, sino ante su idea del honor. Importa poco que su idea del honor no tenga validez hoy día: es un principio como el imperativo del deber. Sin embargo, el uno conduce a la destrucción de sí mismo, al suicidio, porque ya no puede ofrecer nada constructivo, nada afirmativo, nada fecundo. Ese ideal del honor no puede inspirar una conducta, o bien se pierde totalmente en una serie de ceremonias vacías o bien conduce al aniquilamiento, lo que acontece con todo ideal muerto».[3] Esta idea de Casalduero también debe de interpretarse como parcialmente cierta, porque el honor siempre está presente como elemento formativo de la personalidad de Federico. Sin embargo, un análisis más detallado de *Realidad* descubre que aunque el remordimiento y el honor juegan un papel importante en la motivación suicida, éstos no son más que dos de los muchos resortes que determinan la conducta de Federico.

Eoff profundiza más que Penuel y Casalduero en lo que respecta a la motivación suicida de este personaje, al asociar su proceder con las relaciones sociales: «Federico Viera, el amante de Augusta, es el ejemplo complejo de un cargo de conciencia entre los personajes galdosianos; y sin embargo, su conflicto emerge principalmente de un desajuste social... Su suicidio es, por lo tanto, la culminación de un desajuste social que se ha apoderado de su conciencia».[4] Pero las razones que conducen al suicidio no son sólo de orden sociológico, sino también psicológico. En otras palabras, que el desajuste social, al «apoderarse de la conciencia» de Federico, no está nada más que

2. Arnold M. Penuel. «The Ambiguity of Orozco's Virtue in Galdós' *La incógnita* and *Realidad*.» *Hispania*. Vol. 53, núm. 3, septiembre de 1970, pág. 412.

3. Joaquín Casalduero. *Vida y obra de Galdós*. Nueva Edición aumentada. Gredos, Madrid, 1951, pág. 121.

4. Sherman H. Eoff. *The Novels of Pérez Galdós*. (*op. cit.*), págs 57 y 58.

activando el mecanismo psicológico que conducirá al suicidio, ya que este acto sólo puede llevarlo a cabo la persona afectada y nadie más.

Las primeras noticias que tiene el lector sobre la personalidad de Federico son a través de Manolo Infante, que si bien se engañó y engañó al lector en su percepción de los hechos en *La incógnita*,[5] conoció personalmente a Federico:

> Federico Viera es uno de los hombres de más entendimiento que creo existen en España. Quizá por tenerlo tan grande y algo incompleto, así como por la acentuación quijotesca de algunas prendas morales y por carecer de otras, ha de fracasar constantemente... Ha pasado de los treinta años y se encuentra sin carrera, sin medios de fortuna, incapacitado para desempeñar un destino, pues carece de condiciones legales para obtenerlo, y no es cosa de que empiece por oficial quinto...
>
> Nadie que le vea y le trate sospechará las procesiones que le andan por dentro. Viste bien y con esa fácil elegancia que es una cualidad antes que una costumbre. Frecuenta por hábito y necesidad espiritual, lo que llamamos bárbaramente «el gran mundo», y sabe distinguirse en él, siendo muy bien recibido en todas partes y muy echado de menos en sus ausencias... Es tan delicado, que fuera de los antros, más o menos decentes, donde pulsa la fortuna, nada verás en él que signifique rebajamiento moral. Nadie, absolutamente nadie, entre nuestros muchos amigos, puede jactarse de que Viera le ha dado sablazo grande ni chico. Antes reventará que pedir (págs. 721-722).

Federico es un personaje que por su crianza, inteligencia, valores morales, y concepto del honor, vive parcialmente marginado de la sociedad. Tiene ya más de treinta años y aún no ha encontrado un puesto seguro en la escala social ni ha contraído matrimonio. Vive en «el gran mundo», rodeado de amistades con medios económicos superiores a los suyos; pero no es capaz de aceptar ayuda de sus amigos, ni de obtener mediante el trabajo los medios necesarios para la subsistencia.

En cuanto a sus relaciones familiares, éstas son bastante escasas y dejan mucho que desear. Su madre ha muerto, su padre es un común estafador que se ha pasado la mayor parte del tiempo fuera de España, huyendo de las consecuencias de sus tropelías; y su hermana, que es una infeliz, ha sido muy poco favorecida por la naturaleza y la fortuna. Los lazos afectivos que atan a Federico con su

5. Federico Carlos Sainz de Robles. «Nota preliminar» a *Realidad* que aparece en las *Obras Completas* de Galdós, págs. 789-790.

padre son prácticamente nulos, pues la vida aventurera de estafador y sablista que éste ha llevado perjudica enormemente la situación de aquél. A su hermana la quiere, desea lo mejor para ella; pero es incapaz de ayudarla económicamente a que salga de la baja posición social y la pobreza en que se encuentra. En otras palabras, Federico no está estrechamente indentificado con ningún miembro de su familia.

Las relaciones sociales son algo mejores que las familiares, ya que posee varios amigos. Desde *La incógnita* el lector conoce cuanto aprecia Manolo Infante a Federico. Además de este afecto tiene el de Orozco y otros más que en mayor o menor grado le estiman. Tiene también el cariño de su amante, Augusta; pero en ella no encuentra el afecto y la comprensión. Estos le son prodigados por Leonor, su antigua amante.

Federico posee por una parte el amor de Augusta y por otra la amistad sincera de Leonor; pero él, aunque corresponde a la amistad de esta última, no siente amor por la primera. Se deja querer de Augusta, pero no la quiere.

Augusta, que se desenvuelve en el mismo medio social que Federico, no puede ser una compañera para él porque es una mujer casada. Se ven íntimamente, a hurtadillas, y en los pocos ratos que disfrutan de la mutua compañía en público tienen que hacerlo cuidándose siempre de la impresión que producen en otros miembros de la sociedad para no delatar sus verdadera relación. La atracción que siente Federico por Augusta puede considerarse básicamente sexual. En cambio, por Leonor, la «Peri», Federico siente una sincera amistad; pero la «Peri» es una común prostituta, cosa que la excluye totalmente del círculo social en que se desenvuelve el protagonista. Esta extraña situación de Federico con respecto a ambas mujeres tiende a reforzar el desajuste social existente en él.

Otro elemento que acentúa aún más no sólo el desajuste, sino el aislamiento en la sociedad de Federico, es su honor desmedido. De éste ha dado infinitas muestras. Por ejemplo, en una conversación que sostiene con su amigo Infante cuando sale a relucir el tema de que su hermana está enamorada de Santanita, hombre de cuna humilde; pero trabajador y honrado:

FEDERICO. (Irritándose). Cállate. No puedo soportarlo... ¡Mi hermana dejándose impresionar por un tipo de esos!... Tú conoces mis ideas. Soy un botarate, un vicioso...; pero hay en mi alma un fondo de dignidad que nada puede destruir. Llámalo soberbia, si te parece mejor. No me resigno a que ese vil hortera haya puesto los ojos en Clotilde. Soporto menos que ella guste de vérselos encima (pág. 814).

Oponiéndose a estas relaciones, Federico está acentuando aún más su aislamiento, ya que su actitud lo único que puede ganarle es la enemistad de estos dos seres, y aún la de otras personas que son testigos de su desmedido orgullo. Por ejemplo, la de Bárbara, la criada empleada en casa de Federico, que se expresa en los siguientes términos «¡Palabrería! Esas bravuras se convierten en humo, Al fin, tendrá que apencar con el hortera y llamarle su hermano; y llegará día, acuérdate de lo que te digo, en que se vuelvan las tornas, y este señorito tan orgulloso irá a pedirle a su cuñado un pedazo de pan. Los muy soberbios acaban siempre a los pies de los humildes» (pág. 832).

De todo lo visto se deduce que tanto las relaciones familiares como las sociales de Federico son muy pocos sólidas. Su desmedido orgullo sólo le sirve para debilitar más aún estas relaciones. No es extraño, por lo tanto, que un personaje que no se encuentra fuertemente unido a aquellos seres que le rodean comience a aburrirse de la vida. Hasta el punto de que le «cueste trabajo» seguir viviendo: [Federico] «Lo indudable para mí es que con unas y con otras cosas la vida se me va haciendo muy pesada, y me cuesta ya trabajo cargar con ella. No hay en mi existencia un rato de tranquilidad, y adondequiera que me vuelvo doy con mi cara en un poste» (pág. 820).

Manolo Infante se ha echado sobre los hombros la tarea de ayudar a Federico en todo lo posible. Incontables veces le ha ofrecido tanto su consejo sano como la ayuda económica; pero aparentemente Federico no se siente tan hermanado con él como para aceptar su ayuda, le oye pacientemente y nada más. De la «Peri», en cambio, sí acepta la ayuda económica que se niega a aceptar de aquellos amigos que se mueven en su mismo círculo social; pero la ayuda que recibe de esta mujer despierta en él un profundo remordimiento, producto de su orgullo: «...Quizá si tus auxilios» —le dice Federico a Leonor— «se hicieran públicos, yo los rechazaría con horror. Pero es el caso que de otras personas, bien seguro estoy de ello, no los recibiría ni aún ocultándolos con el mayor sigilo. Mi orgullo tiene esta debilidad contigo, quizá porque entre tú y yo hay un parentesco espiritual, algo de común, que no es honrosa, sin duda, la desgracia, Leonor, el envilecimiento...» (pág. 818). Este «orgullo» juega un papel importantísimo en la motivación suicida porque agudiza la poca estima que Federico tiene de sí mismo.

Por otra parte, las relaciones que Federico tiene con Augusta, su amante, tienden también a reforzar el desprecio que éste siente por sí mismo. Estas relaciones, que debían de servirle al protagonista para cimentar más firmemente los lazos afectivos que unen a los dos amantes, sólo motivan la autorecriminación y un profundo sentido de inferioridad ante Augusta:

> FEDERICO. (Para sí). Corazón inmenso, no merezco poseerte. (Alto, abrazándola). ¡Qué buena eres, que talento tienes, vida mía, y que indigno soy de ti!
> AUGUSTA. ¡Embustero! Si me quieres de verdad, confíate en mí (pág. 825).

> FEDERICO. (Con cierto desvarío). Yo no te merezco. Regenérate huyendo de mí y entregando los tesoros de tu alma al hombre más digno de poseerlos (pág. 829).

Pero este sentimiento de inferioridad, que tanto tiene que ver con la motivación suicida, no aparece solo sino unido al remordimiento por estar traicionando a Orozco —personaje a quien Federico considera muy superior a él por las altas cualidades morales que adornan su carácter, y por las innumerables pruebas de amistad desinteresada que le ha ofrecido:

> FEDERICO. ...Hace tiempo que yo siento una pena, un sobresalto...; más claro: un remordimiento por el ultraje que infiero al hombre más generoso, más digno que existe en el mundo... Pues bien: protestando de que me gustas hoy lo mismo que ayer, tengo el valor de incitarte a que me sacrifiques, a que entres en la ley, a que vuelvas los ojos a aquel hombre tan superior a mí..., superior a mí hasta físicamente, para colmo de lo absurdo (págs. 828-829).

Estas palabras de Federico a primera vista indican que siente un profundo remordimiento por su conducta tan poco digna, y que está dispuesto a sacrificar su amor en aras de tal cargo de conciencia;

pero esta conducta no está desprovista de cierto egoísmo, porque él no está verdaderamente enamorado de Augusta. La deseó físicamente en un tiempo, y según él aún le gusta «lo mismo que ayer»; pero lo cierto es que ésta le representa más bien una carga y quisiera deshacerse de ella.

Augusta, por su parte, justifica su conducta traidora hacia el esposo mediante su debilidad de carácter e impulsos naturales que parecen ser superiores a sus fuerzas:

> AUGUSTA. ...Yo siento a veces en mi conciencia tumultos de reprobación, pero enseguida salen, por aquí y por allá, mil ideas que me absuelven. Conforme a la ley, yo no debiera quererte. La religión manda que combata y ahogue este loco amor. Y las fuerzas para combatirlo y ahogarlo, ¿dónde están? Yo no las tengo, ni me parece que las tendré nunca. Es como si al que carece de vigor muscular le mandan que levante un peso de tantos quintales. Reconozco como nadie el mérito de mi marido, y en cuanto a su bondad, sólo yo, que a su lado vivo, sé bien toda la extensión de ella. Me inspira un cariño acendrado y puro, una gran admiración; pero Dios ha establecido la diferencia entre el amor que debemos a la divinidad, a la perfección moral, y el amor terreno, el que tenemos a nuestro igual, al semejante a nosotros por el pecado y la impureza. Yo reverencié a Tomás, le rezaría, ¿sabes?... pero te amo a ti. Me casé sin saber lo que es amor, y no lo supe hasta que tú no me lo enseñaste (págs. 827-828).

Ella establece una diferencia entre el respeto debido a su esposo y los impulsos naturales que la llevan a amar a Federico, mientras que Federico pone los valores morales muy por encima del afecto que lo une a su amante.

La integración de Federico con la sociedad en que vive es sumamente precaria. Tiene amigos que le quieren sinceramente y desean ayudarle, pero su orgullo no le permite aceptar dicha ayuda. Tiene una amiga, la «Peri», con quien logra establecer un cierto grado de intimidad. La ayuda que rechaza de sus amistades masculinas no duda en aceptarla de su ex-amante; pero esta ayuda recibida de la «Peri» representa para él un rebajamiento moral que acentúa el desprecio por sí mismo. En cuanto a las relaciones que sostiene con Augusta, éstas nada más sirven para agrandar aún más el sentimiento de inferioridad presente en él casi desde el principio de la obra. Tanto la falta de integración social de Federico como su honor exagerado y su remordimiento, tienden a obligarle a que se conduzca de determinada manera, y a que la idea del suicidio vaya tomando forma concreta en su pensamiento.

Los intentos de Federico de hallar entre sus conocidos un verdadero lazo afectivo que lo ate a la vida se extienden también a sus familiares; pero ni en su padre ni en su hermana halla la comprensión buscada. Su padre es un sinvergüenza que sólo se ocupa de sí mismo, y su hermana se ha escapado —contrariando los deseos de Federico— con su novio «plebeyo». La enajenación familiar no tarda en posesionarse del futuro suicida: «Federico. Ya debes figurarte que no estaré para ponerme a tocar las castañuelas. Tú sabes bien lo que me sucede. Tengo una hermana que es mi desesperación, mi vergüenza; tengo un padre que me abochorna siempre que viene a Madrid» (pág. 861).

Al propio tiempo, ya empiezan a manifestarse en Federico pensamientos que señalan directamente su deseo de separarse del mundo de los vivos, «Federico. Absolutamente desahuciado. No tengo salvación. Los compromisos son tales, que se van enredando de tal manera, que pronto daré el barquinazo gordo» (pág. 860).

Dando por descontadas todas aquellas relaciones afectivas que no sean de primer orden, a Federico sólo le quedan dos cariños que bien pudieran hacerle desistir de su idea suicida: el de Augusta y el de Leonor (la «Peri»). El primero no le satisface y así lo confiesa en una conversación que sostiene con Leonor:

> FEDERICO. Bueno, pues concediéndote yo que hay algo de lo que sospechas, a ver si entiendes la explicación que voy a darte, sin nombrar personas. Esos amores no me satisfacen, y más bien son para mí un motivo de pena. ¿Por qué?, dirás tú. Porque se relacionan con ciertos estados de mi espíritu, y de tal relación viene a resultar que son amores incompletos y superficiales. ¿Me explico bien? La facultad imaginativa lleva la mejor parte, y el corazón se queda vacío, porque no hay confianza, ni la puede haber entre esa mujer y yo (pág. 862).

El segundo de estos cariños, el que siente por la «Peri», es mucho más profundo que el que lo une a su amante; pero también se debilita notablemente debido a la falta de comprensión que tiene Leonor con respecto a la honorabilidad de Federico.

> LEONOR. (Con agudeza). Se me ocurre una idea. ¿Te la digo? Pero no has de enfadarte. Pues... allá voy... Me parece una atrocidad que pases tantas amarguras teniendo esa amiga tan ricachona.

37

FEDERICO. (Espantado). ¡Leonor!... ¡También tú...!
LEONOR. (Alarmada, viéndole salir sin atreverse a seguirle). ¡Pobre mico, no me gusta su cariz!... Su cabeza está llena de nubarrones. Diera yo algo por poder despejársela (pág. 864).

La «Peri» quiere de veras a Federico; pero es incapaz de darle lo único que de verdad ansía obtener éste: el respeto a sí mismo.

De este coloquio se deduce que Federico está equivocado al suponer que la «Peri» le tiene por una persona honorable. Lo quiere sí; pero no llega nunca a comprender los valores morales que son parte integral del carácter de Federico: Al proponerle a éste que acepte la ayuda financiera de su amante para salir de las deudas en que se halla está dándole un golpe mortal a la auto-estimación de Federico, contribuyendo así a acentuar su aislamiento de todas las personas que lo rodean y a reforzar su idea del suicidio.

En esta conversación, un poco antes del último diálogo citado, Federico nota que se ha ido separando, aislándose, enajenándose, de la «realidad» en que vive: «Tienes razón...» —Dícele a Leonor—. «Tú conservas el sentido claro de las cosas y yo lo he perdido completamente. Siento y pienso y digo los mayores despropósitos... Leonorilla, estoy desquiciado por dentro. Me desplomo..., verás como me hundo» (páginas 863-864). Todo ello al propio tiempo que va desuniéndose afectivamente de la «Peri», «la única persona que veía a su lado en esta ruina del espíritu» (pág. 864).

A medida que Federico va separándose de la «realidad» y de los lazos afectivos que lo atan a ésta, siente cada vez más la necesidad de desahogarse; pero en su soledad no encuentra a ninguna persona que pueda rescatarlo de la horrible situación en que se encuentra. Sólo en un nivel infra-humano halla Federico cierto consuelo al poder confesarle a «alguien» todas sus inquietudes. Este «alguien» es la Sombra de Orozco, un personaje irreal introducido en la narración para pasar a un plano en que las almas son capaces de comunicarse entre ellas. Así este personaje, que participa tanto de la mente de Federico como del espíritu de Orozco, viene a ofrecer al presunto suicida la ayuda que le permitirá seguir desenvolviéndose en el mundo de los vivos:

FEDERICO. (Acometido de nerviosa risa)... ¡Ay, no sabes cuanto apetezco la tranquilidad, aunque mi vida resulte de las más modestas, trabajar algo, tener seguros el hoy y el mañana, y luego una familia en cuyo seno encontrar el amor y la paz!

SOMBRA. Todo eso y mucho más podrás tener.

FEDERICO. Pero, ¿cómo pretendes tú que lo acepte de ti, habiéndote burlado como te burlé, habiendo pervertido a lo que más amas en el mundo, que es tu mujer?

SOMBRA. (Con frialdad suma, sin accionar). Empequeñeces el asunto subordinando su resolución a las fragilidades de una mujer. Elevémonos sobre las ideas comunes y secundarias. Vivamos en las ideas primordiales y en los grandes sentimientos de fraternidad; y cuando hayas acostumbrado tu espíritu a esta luz superior, comprenderás que el amor material queda en la categoría del instinto y es enteramente libre (pág. 886).

La mente de Federico (o su espíritu) apetece la tranquilidad en el seno de la integración social y familiar; pero el «personaje» Federico ha ido mucho más allá, ha llegado al punto desde el cual no se puede regresar, en lo que respecta a su aislamiento o enajenación total. Se encuentra completamente solo. La Sombra le ofrece «todo y mucho más»; pero el sentido del honor de Federico —presente también en su espíritu— le obliga a que rechace tal ayuda; y el deseo de muerte, que estaba presente en la «persona» de Federico, se posesiona también de su espíritu y así lo manifiesta un poco más adelante: «Siento una ansiedad que me anonada. Yo quiero morirme (pág. 877). Federico ha logrado por fin contarle a «alguien» sus cuitas; pero esa confesión no le ha ayudado en lo más mínimo en lo que se refiere a su idea suicida, pues se ha enajenado de cuantas personas le rodean. El aislamiento y la enajenación social en que Federico poco a poco ha ido cayendo representan un paso más de avance hacia el suicidio. El paso siguiente a la enajenación social es la enajenación propia,[6] que no tarda en posesionarse de él:

FEDERICO. (Para sí, apoyando la cabeza en las manos). ¡Nada me queda ya, ni esto siquiera! Hasta el recreo de la imaginación se me acaba. Ya, ni aún podré engañar a las soledades de mi vida llamando a la mujer seductora y diciéndole. Vente a pasar un rato conmigo. (pág. 885).

6. Emile Kurkheim. *Suicide*, págs. 152-216.

Al llegar a este punto, a Federico no le queda ningún valor afectivo que le impulse a seguir viviendo. Ha cortado los lazos que le ataban a los miembros de su familia, ha roto todas las relaciones afectivas que le unían con su amiga la «Peri» y con su amante Augusta, y por último ha acabado por aislarse de sí mismo.

Los altos ideales que la Sombra de Orozco ha propuesto a la «sombra» de Federico están muy por encima de aquellos problemas de carácter social que acosan a Federico. El personaje de Orozco ha logrado, en vida, separar su espíritu de las mezquindades que rigen las relaciones sociales entre las personas. Aun la mayor afrenta, el haber sido engañado por su mujer y su amigo, no parece afectar en lo más mínimo su espíritu.

Federico, en cambio, no logra sustraerse de la enajenación social, familiar, y propia en que ha caído. Esta enajenación en que se halla le acerca cada vez más al suicidio. Por otra parte su desmedido orgullo no le ayuda en absoluto a integrarse nuevamente a la sociedad, cosa que permitiría la disminución del impulso suicida.

Galdós ha colocado el orgullo de Federico muy por encima de otros atributos que forman parte de la personalidad de este personaje, e indudablemente tiene mucho interés en hacer resaltar tal característica; pero el orgullo no surge de la nada, sino que tiene su origen y está estrechamente relacionado con la crianza de Federico. Existió una época en que el orgullo de Federico estuvo hasta cierto punto justificado dado el linaje de éste y su ventajosa posición económica. Su madre «era señora de ejemplar virtud, nacida en noble cuna, del linaje de los Trastamaras y los Gravelinas, muy digna, muy severa de costumbres, muy refinada en gustos y maneras. Su exquisita educación revestía de formas seductoras la rigidez de su *inmenso orgullo* [7] (página 724). El orgullo de la madre ha pasado a Federico, pero éste se halla en una situación económica más precaria con respecto a la de su madre. Cuando sobrevino la pobreza, la madre enfermó y murió. Federico sobrevivió, con el orgullo heredado de su madre; pero sin el respaldo económico de que disfrutó ésta cuando era joven. El orgullo de su linaje bien pudiera haber sido motivo para sentirse honrado en otra época, pero en el siglo XIX, con el advenimiento del creciente poder la burguesía, este orgullo pasa a un segundo plano en

7. No aparece subrayado en el original.

la escala de valores sociales. Sí, el orgullo y el honor son dos características dignas de estimación —siempre y cuando vayan acompañadas de una buena posición económica o de un sentido muy profundo del valor personal—; pero cuando estos sentimientos no pueden ser respaldados por la riqueza ni por la auto-estimación, se convierten en una pesada carga. Este es el caso de Federico, que se halla lleno de linajudos atavismos; pero que no posee los medios económicos suficientes para ser todo lo «noble» que quisiera ser. Se encuentra sin trabajo, sin dinero, y sin la educación necesaria para labrarse un porvenir. ¿Cómo puede un ser en estas condiciones darse el lujo de sentirse superior a personas que son más capaces que él en ganarse la vida? Esta superioridad de Federico representa el complejo de inferioridad que se manifiesta al serle imposible resolver su problema vital. Según Adler «el complejo de inferioridad aparece ante un problema para el cual el individuo no está propiamente adaptado o equipado, y expresa su convicción de que él es incapaz de resolverlo... Un sentimiento de inferioridad siempre produce una tensión, siempre habrá un movimiento compensatorio hacia el sentimiento de superioridad; pero no estará dirigido hacia la solución del problema. El movimiento hacia la superioridad siempre estará dirigido hacia la parte inútil de la vida».[8]

Este «movimiento compensatorio hacia el sentimiento de superioridad» está siempre presente en Federico. Aun cuando se encuentra totalmente enajenado su orgullo, que viene a representar un complejo de inferioridad, no le permite aceptar ayuda ni consuelo de aquellas personas que se encuentran más allegadas a él: «Esto me subleva. (Con desesperación.) Romperé con ella [con Augusta]; rechazaré las ofertas de Tomás, y después que me devoren la miseria y la usura... (Pausa.) ¿Iré a pedir consuelos a mi hermana? No, porque me encontraría con esa facha innoble a quien detesto [con Santanita]. Sólo de verle se me crispan las manos, y siento anhelos de destrozar a alguien. No, allá no iré por nada de este mundo» (pág. 874). Esta expresión de «superioridad» por parte de Federico no es nada más que una manifestación de inferioridad ante todos estos seres. Con respecto a las «ofertas de Tomás», Federico en innumerables ocasiones ha ma-

8. Alfred Adler. *What Life Should Mean to You.* Capricorn Books, N. Y. Décima Impresión, 1958, pág. 52.

nifestado que se siente inferior a Tomás. No tan sólo moral, sino físicamente. En cuanto a su amante Augusta, Federico ha dicho infinidad de veces que se siente inferior a ella. La «Peri», por otra parte, se encuentra mucho más bajo que Federico en la escala social dado que es una prostituta; pero éste la ve como superior a sí mismo, pues ella es capaz de ganarse la vida y él no. La hermana de Federico ha sabido también adaptarse al medio ambiente dando de lado a los posibles pruritos de nobleza que pudiera haber tenido, y en este sentido es también superior a él. Con respecto a Santanita, Federico exhibe una marcada tendencia a sentirse superior; pero, ¿no es Santanita superior a Federico? El primero sabe ganarse el propio sustento con el fruto de su trabajo y su educación, mientras que el último no es capaz de hacerlo. En este caso resultan proféticas las palabras de Adler cuando dice que «detrás de cada persona que se comporta como si fuese superior a otros, debemos sospechar un sentimiento de inferioridad el cual requiere un esfuerzo enorme para no manifestarse. Como si un hombre temiese ser muy pequeño y caminase de puntillas para parecer más alto».[9] Desde el punto de vista de Galdós, resulta evidente que para él Santanita es superior a Federico, por lo menos en lo que respecta a saber ganarse el pan.

Desde el punto de vista socio-psicológico, el orgullo (o el complejo de inferioridad), no está estrechamente relacionado con la conducta suicida; pero desde el punto de vista de la creación literaria galdosiana, el honor y el orgullo juegan un papel importantísimo en el suicidio. Al convertir el orgullo en un elemento formativo de la conducta suicida, Galdós regresa de nuevo al campo socio-psicológico, pues el orgullo influye apreciablemente en la enajenación de Federico y por ende en el acto suicida. Unido al complejo de inferioridad de Federico aparece un sentimiento de auto-desprecio que sí tiene una gran significación en la conducta suicida.

Este sentimiento de auto-desprecio es quizá el componente más significativo, respecto a la conducta suicida. Ya se ha indicado brevemente en la «Introducción» la estrecha relación existente entre la melancolía y el mecanismo del suicidio. Ahondando aún más en los componentes de la melancolía, Freud señala que «la persona afligida de melancolía presenta una característica ausente en el duelo: una

9. Alfred Adler. *What Life Should Mean to You.* Capricorn Books, New York, 1958, pág. 50.

extraordinaria pérdida de la auto-estimación, un empobrecimiento de su ego en gran escala. En el duelo el mundo se vuelve pobre y vacío; en la melancolía es el ego mismo. El paciente nos presenta su ego como despreciable, incapaz de ningún esfuerzo y moralmente despreciable; se reprocha a sí mismo, se rebaja ante sí mismo, y espera ser despreciado y castigado. Se rebaja ante cualquiera y siente lástima por su familia por hallarse atada a alguien tan despreciable.» [10] Existen innumerables momentos en que Federico se desprecia a sí mismo y a su vez espera ser despreciado por otros. Sirva de ejemplo una conversación que sostiene con Tomás Orozco: «Soy vicioso» (pág. 870). Y un poco más adelante, en la misma página: «Tomás, despréciame, no hagas caso de mí. Yo no merezco ni que me mires siquiera.»

Antes de continuar con el presente análisis es necesario hacer ciertas aclaraciones referentes a términos como «ego» - «super-ego», «id», etc., que serán empleados en el análisis de las componentes psicológicas del mecanismo suicida de la personalidad de Federico.

La personalidad tal como la concibe Freud consta de tres sistemas principales llamados el id, el ego y el super-ego. En una persona mentalmente normal estos tres sistemas forman una organización perfectamente balanceada, y el individuo es capaz de desenvolverse sin mayores dificultades en su medio ambiente; pero cuando estos tres sistemas no funcionan armónicamente la persona sufre un desajuste emocional, y no se halla satisfecha consigo misma ni con quienes le rodean. [11]

Calvin S. Hall [12] explica con mucha concisión y exactitud los tres componentes de la personalidad, tal como la concibe Freud. Dice Hall que «la única función del id es la de proporcionar la inmediata descarga de cantidades de excitación (energía o tensión) producidas en el organismo por una estimulación externa o interna. Esta función del id satisface el principio primordial o inicial de vida, el cual Freud llamó 'principio del placer'. El objetivo del 'principio del placer' es aliviar a una persona de tensión... o reducirla a un nivel bajo y mantenerla lo más constante que sea posible». La tensión se manifiesta como dolor

10. Sigmund Freud. *General Psychological Theory*. Collier Books, Quinta Edición, 1969, página 167.

11. Sigmund Freud. *The Ego and The Id*. Traducido al inglés por Joan Riviere. The Norton Library, N. Y., 1962, págs. 9-29.

12. Calvin S. Hall. *A Primer of Freudian Psychology*. Mentor Books, Novena Edición, 1961.

o malestar, mientras que el alivio de esta tensión produce placer o satisfacción.

El objeto del principio del placer, puede decirse, consiste en evitar el dolor y en hallar placer» (pág. 22). La función principal del id es la de huir del dolor y hallar el placer. En cuanto a la constitución del id, Freud mismo no está muy seguro de ella y señala como su principal componente los instintos.[13]

Al ego Hall lo describe en término de sus funciones; «En una persona bien balanceada mentalmente el ego representa el poder ejecutivo de la personalidad, controlando y gobernando el id y el super-ego, y manteniendo relaciones con el mundo exterior en beneficio de la personalidad... Cuando ejerce adecuadamente su función ejecutiva prevalecen la armonía y el ajuste. Si el ego abdicase o concediese mucho de su poder al id, al super-ego, o al mundo exterior, se producirá una falta de ajuste y de armonía en la personalidad.

Contrariamente al id, que está regido por el principio del placer, el ego está controlado por el 'principio de la realidad'. Realidad quiere decir aquello que existe. El objetivo del principio de la realidad consiste en posponer la descarga de energía hasta que el verdadero objeto que satisfará la necesidad haya sido descubierto o creado» (pág. 28). Por otra parte, el ego es también «la experiencia que el individuo tiene de sí mismo, o su concepción de sí mismo, o la unidad dinámica que es el individuo».[14] En otras palabras el ego representa tanto la persona vista por sí misma como las fuerzas restrictivas que permiten su relación con el mundo exterior y con sus propios instintos.

El otro componente de la personalidad de acuerdo con la teoría de Freu es el super-ego. «El super-ego —señala Hall— es la rama moral o judicial de la personalidad. Representa lo ideal más que lo real, y busca la prefección más que la realidad o el placer. El super-ego es el código moral de la persona» (pág. 31).

Volviendo al análisis del auto-desprecio en Federico, puede apreciarse que Galdós coloca esta idea en posición anciliar con respecto al remordimiento. El sentido de auto-desprecio es producto del sentido de culpabilidad, del remordimiento, ante su indigno proceder.

13. Sigmund Freud. *Dictionary of Psychoanalysis*. Fawcett Publications, Inc. Conn. 1965, página 77.

14. James Drever. *A Dictionary of Pychology*. Penguin Books. Baltimore. Reimpresión de 1967, pág. 79.

Aunque *Realidad* fue escrita mucho antes de que Freud expusiera sus ideas sobre el suicidio (en 1917), Galdós ha introducido en esta novela mecanismos causales que bien pueden analizarse tomando como base la teoría del psicólogo.

El remordimiento de Federico viene a representar el desajuste existente entre los tres componentes de su personalidad. Su id se encuentra en un plano superior a su ego. Esto es, sus instintos tienden a no dejarse controlar por las fuerzas represivas del ego, que se halla sumamente debilitado. Si Federico desea algo trata de conseguirlo por todos los medios. Al menos en el campo sexual. Así sucede con Augusta, a quien seduce a pesar de saberla casada con su amigo Tomás Orozco. Este hecho puede interpretarse como la falta de restricción que tiene el ego sobre el id.

Pero si el id predomina sobre el ego al principio de la novela, donde se da rienda suelta a los instintos de Federico, al final de ésta el super-ego acaba tomando posesión de la personalidad de Federico. El remordimiento del protagonista puede entonces interpretarse como la superimposición de los ideales presentes en el super-ego sobre el total de la personalidad del protagonista. El propio Federico se da cuenta de esta situación y así lo confiesa a Augusta en una conversación que sostiene con ella: «Federico... cuando las ideas que has venerado siempre se vuelven contra ti, la existencia es un cerco que te oprime y te ahoga» (pág. 880). Parte de las «ideas que ha venerado» representan su orgullo desmedido; pero también —y esto es más importante cuando se trata del suicidio— en estas ideas se halla presente el concepto de la honorabilidad, que tiene sus bases en la interacción social y su exponente en el super-ego.

Como se ha indicado, la preponderancia de cualquiera de los componentes de la personalidad produce un desajuste psicológico. La imposición de los ideales y la moralidad del super-ego en Federico determina su desajuste emocional. Por otra parte, esta característica afecta su conducta y sus relaciones sociales. Ha acabado enajenándose social y psicológicamente de cuantos le rodean. El suicidio viene a ser para él más que un daño una bendición, pues se halla incapacitado para seguir funcionando como miembro de la sociedad y como individuo.

Un componente siempre presente en la conducta suicida que no se ha analizado aún es la agresividad. Freud, como se sabe, fue quien primero explicó el suicidio como una forma de agresión dirigida contra la propia persona que la experimenta.[15] Andrew F. Henry y James F. Short, que están básicamente de acuerdo con la teoría de Freud, relacionan la agresividad con las fuerzas sociales actuantes sobre la persona que exhibe la conducta agresiva: «Cuando el comportamiento requiere adaptarse rígidamente a las demandas y expectaciones de otros (cuando las fuerzas coercitivas externas son fuertes), la expresión de agresión contra otros se hace legítima. Cuando las fuerzas coercitivas son débiles, la agresión dirigida hacia otros... deja de ser legítima y la agresión se dirige contra la propia persona que la experimenta».[16]

La agresividad de Federico se centra al principio en la persona de Santanita, como lo manifiesta en una conversación que tiene con su amigo Infante: «... Te aseguro que habrá la de San Quintín en mi casa. A mi hermanita la meteré en un convento de Arrepentidas, y al danzante este, como yo le coja a mano, como le sorprenda en la escalera de mi casa..., tengo sospechas de que hay aproximaciones..., como le sorprenda, te juro que no le quedan ganas de volver» (pág. 814). Otra persona que es objeto de la agresividad de Federico es Malibrán, el primo de Augusta. Cuando Federico se entera de que Malibrán conoce el secreto de sus amores con Augusta, piensa en los siguientes términos: «Federico. (Para sí, distraído). Como yo descubra que nos vigilan, quienquiera que sea no quedará con ganas de vigilancia. (Pasa al gabinete. Saca del bolsillo del gabán un revólver, y lo oculta detrás del reloj de la chimenea. Se quita el sombrero). No tardará... Cogería yo a ese Malibrán y le ahogaría, así... como a un pájaro» (pág. 879).

Si la agresividad que siente por el pretendiente de su hermana, Santanita, no está plenamente justificada, la conducta homicida que presenta a Malibrán sí lo está. Malibrán, que ha pretendido en vano durante mucho tiempo a Augusta, se ha dedicado a espiarla con el propósito de averiguar quién es su amante. Esto hace que Federico se sienta también perseguido, y es muy lógico que quiera deshacerse de quien le hace la vida imposible. Sin embargo, la conducta agresiva de Federico se manifiesta también contra su propia amante al rechazarla sabiendo que lo quiere. Al hacer esto no está nada más que

15. *General Psychological Theory*, págs. 164-179.
16. *Suicide and Homicide*, The Free Press, N. Y., 1954, pág. 18.

«castigando» a Augusta, que verdaderamente siente perder el supuesto amor que por ella tiene Federico.

Baste con citar estos ejemplos para dejar sentado que Federico exhibe sentimientos de agresividad hacia varias personas. Volviendo a lo expuesto anteriormente sobre la agresividad y la significación de las presiones sociales en el individuo que exhibe una tendencia homicida-suicida, se ve claramente que la conducta de Federico se ajusta perfectamente con el criterio expuesto por Henry y Short: En el caso de este protagonista, las fuerzas externas que tienden a modificar su comportamiento son sumamente débiles. «Las fuerzas coercitivas externas» que actúan sobre Federico son prácticamente nulas, puesto que existen poquísimas presiones sociales que directamente afecten a alguien que esté enajenado socialmente. Por lo tanto, existe una gran posibilidad de que Federico logre transferir la agresividad que siente por otras personas contra su propio ser; cosa que efectivamente hace, consumando el acto suicida.

Galdós ha colocado a Federico en una posición que desde el punto de vista psicológico-social sólo tiene dos salidas. La primera sería la locura, que el autor no utiliza. La segunda es el suicidio, y por ella se decide. Ya se vio que en *Fortunata y Jacinto* Maximiliano Rubín se encontró en una posición muy similar a la de Federico: El infeliz «Maxi», que se hallaba totalmente enajenado de la sociedad y de sí mismo, decide escaparse de la realidad circundante refugiándose en el microcosmos forjado en su mente y acaba en Leganés. Federico, de una personalidad y un físico mucho más fuerte que Maxi, hace lo que un caballero haría en su lugar: quitarse la vida. El hecho tiene lugar en una conversación que sostiene con su amante Augusta: «Federico. (Mirándola con extravío). ¿Y qué...? Amiga mía, haz el favor de darme un vaso de agua. (Augusta se dirige al aparador, y mientras echa agua en una copa, Federico se acerca a la chimenea y coge el revórver). No más padecer. Se dispara un tiro en el costado izquierdo) (pág. 887).

De morir inmediatamente Federico no dejaría legado alguno para la posteridad, así que Galdós no acaba con su vida inmediatamente. Aún le queda suficiente energía como para salir del recinto en que se hallaba, yendo a parar a una calle obscura. Felipa, la criada de Federico, que se había unido anteriormente al dúo, sale en compañía de Augusta persiguiendo al suicida. Ambas mujeres le ruegan que desista de su propósito pero Federico está completamente determinado a acabar con su existencia. Pero antes de dispararse el tiro de gracia, deja su testamento moral en estas palabras: «Leonorcilla, no me sigas. Procura ser buena. Yo... así». Se pega el tiro final y muere.

Estas últimas palabras tienen una profunda significación. «Leonorcilla» no es ni su amante Augusta ni su criada Felipa. ¿Por qué entonces su último pensamiento en vida va dirigido a Leonorcilla, o sea, a la «Peri»? Como se ha señalado existía una profunda relación afectiva entre la «Peri» y Federico. Quizá esta mujer, que ha sido su consejera y amiga fiel, venga a llenar parcialmente el vacío dejado por la temprana desaparición de la madre de Federico. Es muy probable también que en los últimos instantes de vida se acordase de la única persona de quien aceptó ayuda moral y financiera: la prostituta-madre, la «Peri». Por otro lado, bien pudo suceder que Federico se estuviese despidiendo tanto de la «Peri» como de Augusta.

Ya anteriormente la mente de Federico había fundido a ambas mujeres en una sola figura representativa. La Sombra de Orozco se dio cuenta de este «error», y por eso dice a Federico: «Simple, confundes a Augusta con la "Peri"» (pág. 878). Las palabras finales de Federico «procura ser buena» van probablemente dirigidas a ambas mujeres, y representan el mayor legado que deja este personaje a quienes lo amaron en vida.

Como se ha indicado, en *Realidad* se esclarecen todas las dudas presentes en *La incógnita*. Al lector que haya estudiado estas dos obras, la muerte de Federico no ofrece mayores dificultades. Se sabe que acabó quitándose la vida, y cuáles fueron las razones que lo llevaron a tomar tal determinación; pero los entes de ficción que compartieron la escena con Federico carecen de la visión privilegiada del lector y del autor. Para ellos su muerte sigue teniendo algo de misterioso. Con la excepción de Felipa y Augusta, ningún otro personaje sabe exactamente cómo murió Federico. Los dos que más se acercan a la verdad son Malibrán y Orozco.

Malibrán, que gracias a sus observaciones y deducciones ha logrado descubrir las verdaderas relaciones entre Federico y Augusta, sustenta la teoría del suicidio. Pero Malibrán no es una persona honorable, en el sentido que lo entiende Galdós. Ha estado espiando a su prima Augusta para lograr descubrir quién era su amante; pero esta actividad no está motivada por ningún ideal. Él desea poseer físicamente a Augusta por una parte, y por otra su insana curiosidad lo mueve a descifrar el enigma de quién podrá ser el amante de ella. Por lo tanto, su visión de la muerte de Federico está basada en la bajeza de sus sentimientos —cosa que pone de manifiesto en una conversación que sostiene con Villalonga, otro conocido de Federico:

MALIBRÁN. [A Villalonga]. Para mí, el pobre Viera se hallaba en una situación ahogadísima, en declarada, irremediable bancarrota. Enormes deudas de juego, de esas que no admiten prórroga, le abrumaban. Augusta le había auxiliado hasta ahora en la medida razonable; pero las exigencias de él llegaron a ser tales, que la pobre mujer no quiso o no pudo satisfacerlas. De esta resistencia de Augusta y de las tremendas razones con que Federico apoyaba sus demandas de dinero, hubo de resultar un vivo altercado, amenazas, demasías del lenguaje, que sé yo... Federico, en un rapto de furia y desesperación, harto de padecer, viéndose sin honra, insolvente, comido de acreedores, rechazado de sus amigos, liquidó con la vida. En rigor, era la única liquidación posible (págs. 888-889).

En esta estrecha visión de la realidad, producto de su bajeza moral, Malibrán es incapaz de captar la verdadera significación del acto suicida de Federico. No se equivoca en algunas de las causas aparentes del suicidio como la pobreza, las deudas del juego, etc.; pero falla totalmente al valorar las relaciones existentes entre Federico y Augusta. Ésta nunca ayudó económicamente a su amante. No es que no le haya ofrecido tal ayuda, pues en muchas ocasiones se brindó a ayudarle económicamente; pero el honor de Federico nunca le permitió aceptar ayuda de su amante. «Las exigencias» que Federico le hizo a Augusta no fueron precisamente de tipo económico sino moral y nunca fueron satisfechas. Al hacer esta aseveración, Malibrán está proyectando la poca estima que tenía por Federico, y su desconocimiento de las cualidades morales que dicho personaje tenía. Orozco, en cambio, mucho más hermanado con Federico en el campo moral que Malibrán, sí sabe evaluar correctamente los motivos que movieron a éste al suicidio.

En la última escena de *Realidad,* en que aparece Orozco solo, éste piensa sobre todo lo ocurrido sin poderse quitar de la mente la imagen de Federico. De tanto pensar en ella, ésta acaba por materializarse: «Imagen. [De Federico]. Se me ocurrió venir porque pensabas en mí más de lo que yo merezco, reproduciendo en tu mente mi persona y mis actos con una fuerza tal, que hacías vibrar mis inertes huesos. En medio de tus extraordinarias perfecciones tuviste flaquezas impropias de un hombre de tu altura moral; reconstruiste, al par de la terrible escena de mi muerte, las escenas amorosas que la precedieron (pág. 900)». Ahora es la «imagen» de Federico quien se preocupa por la momentánea flaqueza de Orozco, como antes la Imagen de Orozco se preocupaba por los problemas de Federico. Orozco no acaba de desprenderse totalmente de las ataduras que le amarran a la vida... ni la «imagen» de Federico de aquellos sentimientos que experimentó en vida. Sobre esto último, Orozco tiene que llamarle la atención a la «imagen» de Federico, pues aún después de muerto le está «echando el ojo» a Augusta: «Orozco. [A la «imagen» de Federico]. Pero, ¿la ves a ella? Yo creí que me veías a mi solo, como hechura mía que eres. Y te equivocas al pensar que duermo. Ni siquiera estoy en el lecho; me veo en pie, como tú, vestido; aún no me he quitado el frac. Acércate acá. ¿Qué haces ahí mirando a mi mujer? ¿No la has visto bastante? es una falta de atención que me dejes con la palabra en la boca, habiendo venido a visitarme... (pág. 900)». En estas palabras se pone de manifiesto un hecho muy curioso: ni Orozco se ha liberado de los sentimientos de un hombre «normal», al sentir algo muy parecido a los celos, ni la «imagen» de Federico ha llegado a sublimarse lo suficiente como para ignorar totalmente a Augusta. Ninguna de las dos «imágenes» ha logrado independizarse totalmente de los lazos afectivos ni de los convencionalismos que rigen las relaciones sociales. Aunque Orozco no haya alcanzado la perfección, su estatura moral le permite darse exacta cuenta de las razones que llevaron a Federico a cometer el acto suicida, y así lo manifiesta en el coloquio que sostiene con la Imagen:

OROZCO. (Cogiéndole una mano). No he concluido de contarte cómo se determinó en mí el conocimiento de esa triste verdad. El rumor público acerca de la culpabilidad de Augusta fue principio y fundamento de mis presunciones. Oí todas las hablillas, y de su variedad y garrulería saqué la certidumbre de que esa desdichada te amó y de que tú la amaste. Complementaron mi conocimiento diversos accidentes: las visitas de Felipa, algo advertí en la cara de ésta, la turbación de Augusta, la rozadura de su mano y un no sé que, un misterioso sentido testifical notado en la luz de sus ojos, en el eco de su voz y hasta en el calor de su aliento. Ahora, respecto a tu muerte, nada concreto sé. No puedo decir que poseo la verdad; pero tengo una idea, interpretación propiamente mía, hija de mi perspicacia y de mi estudio de la conciencia universal e individual. Esta interpretación atrevida no concuerda con ninguna de las versiones vulgares patrocinadas por los comentaristas del ruidoso y sangriento caso; es mía exclusivamente y voy a comunicártela. (La imagen se sienta al borde del lecho en que yace Orozco y se inclina sobre éste). Pero no peses tanto sobre mí. Me sofocas, me oprimes, no me dejas respirar... Oye lo que pienso de tu muerte... ¡Ay! Por Dios, no te apoyes en mi pecho. La más grande montaña del mundo no pesa lo que tú... Pues mi opinión es que moriste por estímulos del honor y de la conciencia; te arrancaste la vida porque se te hizo imposible colocada entre mi generosidad y mi deshonra. Has tenido flaquezas, has cometido faltas enormes; pero la estrella del bien resplandece en tu alma. Eres de los míos. Tu muerte es un signo de grandeza moral. Te admiro y quiero que seas mi amigo en esta región de paz en que nos encontramos. Abracémonos. (Se abrazan). (Fin de la Obra, pág. 901).

La superioridad de Orozco reconoce que aunque Federico ha pecado, éste ha superado sus debilidades aunque para hacerlo haya tenido que acabar con su propia vida. Orozco en su grandeza moral ha comprendido perfectamente cuáles fueron las causas que motivaron el suicidio de Federico; perdona a quien lo ha ofendido, ofreciéndole una amistad eterna la amistad que existe entre las almas de los buenos.

Comparándose la interpretación del suicidio de Federico por parte de Malibrán y por parte de Orozco, se ve cuán por encima moralmente está uno de otro. Malibrán en su bajeza moral no logra captar la verdadera esencia de la motivación suicida de Federico; Orozco, en cambio, sabe juzgar y apreciar los nobles sentimientos que determinaron la conducta del suicida. ¿O es que Orozco y Federico no son nada más que dos caras de la misma moneda?

Parcialmente sí. ¿No es la Sombra de Orozco producto de la mente de Federico? ¿No es la «sombra» de Federico producto de la mente de Orozco? ¿No tienen las dos «sombras» más o menos los mismos ideales? Muy bien pudiera ser que estas sombras no sean nada más que la personificación del super-ego; pero el super-ego no es capaz de expresarse de la forma que lo hacen estos dos entes. Por lo tanto, estas sombras representan algo más elevado que el super-ego —algo así como un «alma»—. Un alma henchida de bondad, casi desprovista de apetitos y de sentimientos bajos, que hermana a a estos dos personajes aún más allá de la muerte.

Tanto en *Fortunata y Jacinta* como en *Realidad* Galdós se ha preocupado por establecer causas socio-psicológicas en la conducta suicida. En la primera de estas obras, la conducta suicida de Maximiliano está debidamente justificada; siendo la causa principal de su atentado suicida las presiones sociales a que se ve sometido. Su conducta es perfectamente explicable desde el punto de vista psicológico. El proceso de sucesiva enajenación viene a culminar en la locura como puerta de escape a la realidad.

En *Realidad* sucede algo semejante; pero en este caso las fuerzas que conducen al suicidio no provienen del mundo exterior ni de las relaciones en éste de Federico. Cierto que de no existir ningún convencionalismo social Federico no se hubiera encontrado en la situación en que se halla; pero en su caso, las fuerzas que conducen al suicidio hay que buscarlas en su propia persona. Sus remordimientos, que bien pueden representar su super-ego, y su sentido del honor, que proyecta un complejo de inferioridad, son las causas principales de su conducta suicida.

Galdós como buen observador de la realidad, elabora con elementos de ella su propia visión del mundo. Esto, sin embargo, no resta para que en sus novelas aparezca una serie de personajes que viven, se desarrollan y mueren —o se inmortalizan— de forma muy semejante a los seres humanos.

En la figura que Maximiliano Rubín, o más bien en sus ideales, se vio el germen de una conciencia superior. Una conciencia que se desentiende por completo de las pequeñeces de la vida terrenal para elevarse por encima de los hombres y acercarse a lo divino. Pero en *Fortunata y Jacinta* esta conciencia superior no se manifiesta por sí misma como en *Realidad*. En esta última obra tanto Federico como Orozco dejan de ser «humanos» para convertirse en «sombras», en espíritus de comprensión y bondad. Cuando el lector llega a pensar que la vida de Federico se acaba con su muerte se equivoca, su cuerpo físico habrá dejado de existir; pero su conciencia o su alma, llámesele de una u otra manera, sigue en contacto con la de Orozco. El primero ha tenido que pagar con su vida para poder elevarse a la grandeza moral de este último, purgando así el pecado cometido.

La naturaleza del castigo impuesto por el autor al personaje parece estar en proporción directa con el pecado cometido por éste. El pecado de Federico, si es que así puede llamársele, ha sido el de haberse dejado llevar por sus instintos sin tener en consideración los derechos de los demás, por eso «muere»; mientras que Maximiliano conserva la vida. Verdad que acaba en un manicomio; pero su pensamiento lo eleva muy por encima de los otros seres con quienes se relacionó.

En lo que respecta a la conducta suicida de los personajes, puede decirse que si en Maximilano Rubín predominan las presiones sociales como factor determinante de su motivación; en Federico Viera las fuerzas principales que determinan su conducta son de carácter psicológico y entre éstas el remordimiento se halla en posición cimera.

Capítulo III

Torquemada en la Cruz (1893), Torquemada en el Purgatorio (1894).
(Rafael del Águila)

Estas dos novelas tratan principalmente sobre el usurero Torquemada y sus relaciones con la familia del Aguila. Esta familia, de noble origen, se hallaba completamente arruinada en el momento en que Galdós centra su atención en ella. Torquemada representa el instrumento que les permitirá salir de la miseria. La familia se compone de tres hermanos: Cruz, Fidela y Rafael del Aguila. La conducta suicida de este último es la que será objeto de estudio en el presente capítulo.

Rafael del Aguila tiene varios puntos de contacto con Federico Viera *(Realidad)*. La crítica ha estudiado las semejanzas existentes entre ambos personajes; pero sin basar la comparación en las características suicidas de ellos. Por ejemplo. Regalado estima que el parecido estriba en la calidad de aristócratas caídos en desgracia que ambos poseen:

> El aristócrata venido a menos es tipo bien conocido en las obras de Galdós, donde se le ve por imperativos económicos en dramática dependencia de la burguesía adinerada, a pesar de su orgulloso espíritu de clase. Galdós tiene una enorme simpatía por este tipo social como lo demuestra la caracterización que hace del desafortunado Federico Viera... Las complicaciones de su vida irregular se multiplican y le llevan a vivir de las apariencias de sus viejas preocupaciones de clase. Cuando surgen cuestiones de honra y no es capaz de resistir más la farsa de las apariencias que está viviendo, confía la definitiva solución de sus problemas al suicidio. Lo mismo le ocurre a Rafael en la serie de *Torquemada*. Rafael no puede resignarse a que su hermana se case con el usurero

Torquemada para sacar a la familia de la miseria y reintegrarla a su esplendor original... No puede hacerse a la nueva situación familiar, ni puede tampoco renunciar a sus ideales, se siente cada vez más solo y busca, como Viera, en el suicidio el término a sus desgracias[1]

Desde una perspectiva histórico-social, sin tomar el aspecto psicológico de los personajes en consideración, este juicio de Regalado es sumamente acertado; pero si se tienen en cuenta los cambios efectuados en las personalidades de Federico y de Rafael con motivo de las presiones a que se ven sometidos, se comprenderá que el suicidio no obedece a causas tan simples. Ya se ha hablado sobre la muerte de Federico Viera, y se llegó a la conclusión que quizá el factor más importante en su conducta suicida sea el remordimiento causado por la traición a su amigo Tomás Orozco. En el caso de Rafael, también la motivación suicida obedece a causas más complejas que las enunciadas por el distinguido crítico. Cierto que Galdós pone especial énfasis en señalar como la causa principal de su muerte el orgullo; pero un análisis detenido de la obra demuestra que también en el caso de Rafael del Aguila las causas que lo conducen al suicidio no son únicamente las señaladas por Regalado. Joaquín Casalduero comparte, parcialmente, la opinión expuesta anteriormente; pero ofrece como causa de la motivación suicida de Rafael la terquedad de éste al no poder admitir la unión de la clase baja adinerada (representada por Torquemada) con la clase noble carente de recursos económicos, representada por la familia del Aguila.[2] Cierto que Federico y Rafael disfrutan de muchas características comunes; pero estudiando cuidadosamente su comportamiento suicida llegan a establecerse diferencias básicas entre ambos personajes.

El principal punto de contacto entre estos dos personajes es tal vez el grado de enajenación en que se encuentran con respecto a los demás miembros de la sociedad. La enajenación de Federico es motivada por la fuerza de sus instintos, y la de Rafael principalmente por su ceguera.

La primera descripción global de Rafael se encuentra en una visita que hace Torquemada a la residencia de la familia del Aguila:

1. Antonio Regalado García. *Benito Pérez Galdós y la Novela Histórica Española*. Insula, Madrid, 1966, págs. 205-206.

2. Joaquín Casalduero. *Vida y obra de Galdós*, pág. 141.

En la mejor habitación de la casa, un gabinetico con mirador, hallábase Rafael del Águila, figura inmóvil y melancólica que tenía por peana un sillón negro. Hondísima impresión hizo en Torquemada la vista del joven sin vista, y la soberana tristeza de su noble aspecto, la resignación dulce y discreta de aquella imagen, a la cual no era posible acercarse sin cierto respeto religioso.

Imagen dije, y no me vuelvo atrás, pues con los santos de talla, mártires jóvenes o Cristos guapos en oración, tenían indudable parentesco de color y líneas. Completaban esta semejanza la absoluta tranquilidad de su postura, la inercia de sus miembros, la barbita de color castaño, rizosa y suave, que parecía más oscura sobre el cutis blanquísimo de nítida cera; la belleza, más que afeminada, dolorida y mortuoria, de sus facciones, el no ver, el carecer de alma visible, o sea de mirada.[3]

Pero Rafael no es ciego de nacimiento, sino que perdió la vista hace algunos años, según le informa Cruz del Aguila a Torquemada en una conversación sostenida entre ellos: «No, señor. Perdió la vista seis años ha. ¡Ay, qué dolor! Un muchacho tan bueno, llamado a ser... que sé yo, lo que hubiera querido... ¡Ciego a los veintitantos años! Su enfermedad coincidió con la pérdida de nuestra fortuna..., para que nos llegara más al alma. Créalo usted, don Francisco: la ceguera de mi hermano, de ese ángel, de ese mártir, es un infortunio al cual mi hermana y yo no hemos podido resignarnos todavía.» (pág. 945). En otras palabras, es muy posible que Rafael haya estado anteriormente totalmente integrado a la sociedad. Debe suponerse que mientras no estuvo ni ciego ni pobre este personaje se desenvolvía normalmente en la sociedad y en el seno familiar; pero en el presente se ve obligado a permanecer en su domicilio, sin poder participar de aquellas actividades que les están permitidas a quienes no han perdido la vista.

La ceguera de Rafael hace que éste sea el centro de atención en su hogar. Alrededor de él giran las actividades de las dos hermanas, que se preocupan enormemente por hacerle la vida más placentera. Era prácticamente un niño mimado a quien se prodigaban toda clase de atenciones:

Era en ellas como un orgullo de familia el tenerle aseado y elegante, y si no hubieran podido darse este gusto entre tantas privaciones, no habrían tenido consuelo. Cruz o Fidela le peinaban todas las mañanas con tanto esmero como para ir a un baile; le sacaban cuidadosamente

3. Benito Pérez Galdós. *Obras Completas*. Vol. 5.

la raya, procurando imitar la disposición que él solía dar a sus bonitos cabellos; le arreglaban la barba y bigote...

Fidela le lavaba y perfumaba las manos diariamente, cuidándole las uñas con un esmero exquisito, verdadera obra maestra de su paciencia cariñosa... (pág. 948).

De hecho Rafael viene a representar no sólo un hermano para Cruz y Fidela, sino que también —al satisfacer el instinto maternal de ambas mujeres— su papel puede interpretarse como el de hijo de ambas.

La pobreza de la familia era tal que Cruz tenía que lanzarse a la calle para tratar de conseguir los alimentos indispensables para no morir de hambre. Ya podrá imaginarse lo que esto representa para una mujer que ha estado acostumbrada a vivir en el lujo, y cuya cuna ha sido noble. Muchas veces faltaron a Cruz la voluntad y la fuerza necesarias para seguir luchando; «pero el recuerdo del pobrecito ciego, que no conocía más placer que saborear la comida, la estimulaba con agujón terrible a seguir adelante en aquel *vía crucis*» (pág. 977). Respecto al suicidio, la ceguera de Rafael hace que se limiten sus relaciones sociales a un mínimo; pero hace también que éste sea el centro de la atención de sus hermanas. Mientras esta estrecha relación familiar se mantenga, la vida del ciego no corre ningún peligro; pero a medida que los lazos que lo unen a sus hermanas vayan debilitándose, Rafael irá acercándose inexorablemente al suicidio.

Ahora bien, los sentimientos afectivos de Rafael por sus hermanas no se manifiestan de manera única. La posición de jefe de familia, que tradicionalmente Rafael debió de haber ocupado ha pasado a manos de Cruz del Aguila:

Era Cruz el jefe de la familia, con autoridad irrecusable; suya la mayor gloria de aquella campaña heroica, cuyos laureles cosechara en otra vida de reparación y justicia; suya también la responsabilidad de un desastre, si la familia sucumbía, devorada por la miseria. Obedecíanla ciegamente sus hermanos, y la veneraban, viendo en ella a un ser superior, algo como el Moisés que los llevaba al través del desierto, entre mil horrendas privaciones y amarguras, con la esperanza de pisar al fin un suelo fértil y hospitalario (pág. 974).

Pero el ciego no entrega fácilmente la batuta de mando que como «hombre de la casa» le toca llevar, de hacerlo así estaría perdiendo la hombría ante sí mismo. Por este motivo, de vez en cuando ejerce parcialmente sobre los otros miembros de su familia la autoridad que de no estar ciego le hubiese correspondido. Así, Rafael impone su autoridad en una discusión sobre cual de los tres debía de comerse el único bocado que han logrado conseguir para matar el hambre ese día, un pescado: «Cruz se lo come, Cruz —gritó el ciego con serenidad y decisión impropias de cosas tan baladí—. Y no admito evasivas. Yo mando... A callar... y a comer» (pág. 979). En este caso su autoridad fue aceptada, porque no se trataba de nada verdaderamente significativo para la sobrevivencia familiar; pero en asuntos de monta, Cruz es quien realmente «lleva los pantalones». Por esta razón Rafael la tiene en un plano afectivo distinto al de Fidela. Rafael indudablemente quiere a Cruz como a una hermana, quizá hasta como a una madre; pero nunca llega a tener con ella la intimidad que posee con su hermana menor, Fidela.

Las relaciones entre Rafael y esta última ha hecho que algunos críticos lleguen a considerar que existe una relación incestuosa entre los dos hermanos. Gullón estima que en Rafael «se trasluce algo extraño, una pasión difícil de filiar, porque nunca procedió Galdós con más cautela, nunca fue menos explícito. En las novelas de Torquemanda que acabo de mencionar se expone todo género de veladuras y reticencias, entre declaraciones que alegadas por el autor, permitirían negar que su intención fuera la que voy a atribuirle: exponer un caso de incesto. La relación entre Rafael del Águila y su hermana Fidela es incestuosa. Entiéndose bien: se trata de un "incesto de intención", no de un incesto realizado. Y el denso trasfondo de anhelos rechazados, de sombras sin nombre, realza con intenso patetismo el drama: Rafael no reconocerá el carácter de su pasión, y cuando esas sombras empiezan a tener perfil definido, aterrado por lo que imprecisamente presiente, se suicida».[4]

Respecto al suicidio, Gullón simplifica demasiado la cuestión. El proceso que mueve a Rafael a quitarse la vida es mucho más complejo de lo que parece a simple vista, y por el momento no interesa refutar su teoría porque aparentemente el ilustre crítico no estudió a fondo este problema. En lo que sí tiene razón es en afirmar que existen ciertas relaciones «incestuosas» entre Rafael y Fidela. Pero estas relaciones «incestuosas» parecen ser de un orden diferente al anunciado por dicho crítico.

4. Ricardo Guillón *Galdós, Novelista moderno*. Gredos, Madrid 1966, págs. 225-226.

En cierta forma ambas hermanas vienen a representar para Rafael una especie de madre. La mayor, Cruz, es una «madre autoritaria», mientras que Fidela simboliza una «madre tierna». La primera lo una especie de madre. La mayor, Cruz, es una «madre autoritaria», mientras que la segunda atiende a las necesidades más íntimas de Rafael. El propio Galdós se encarga de señalar cuales son las diferencias afectivas de Rafael por ambas hermanas:

> Inmenso cariño aunaba las almas de los tres hermanos del Águila. Las dos hembras sentían por el ciego un amor que la compasión elevaba a idolatría. Él las pagaba en igual moneda; pero queriéndolas mucho a las dos, algún matiz distinguía el afecto a Cruz del afecto a Fidela. En la hermana mayor vio siempre como a una segunda madre, dulce autoridad que, aun ejerciéndola con firmeza, reforzaba el cariño. En Fidela no veía más que la hermanita querida, compañera de desgracias y hasta de juegos inocentes. En vez de autoridad, confianza, bromas, ternura, y un vivir conjuntivo, alma en alma, sintiendo cada uno por los dos. Era un caso de hermanos siameses, seres unidos por algo más qua el parentesco y un lazo espiritual. A Cruz la miraba Rafael con veneración casi religiosa; para ella eran los sentimientos de filial sumisión y respeto; para Fidela, toda la ternura y delicadeza que su vida de ciego acumulaba en él, como manantial que no corre, y labrando en su propio seno, forma un pozo insondable (pág. 985).

A pesar de que Galdós dice que Rafael no veía nada más en Fidela que «la hermanita querida», hay innumerables ocasiones en que tanto ésta como Cruz se dirigen a él como si fuese un niño. Por ejemplo, cuando está Fidela y Rafael juntos en la habitación y entra Cruz:

> —Vaya *niño* —indicó su hermana [Fidela], arropándole—, no pienses tonterías, y a dormir.
> Entró Cruz a ver si estaba bien acostado, o si algo le faltaba.
> —*Niño*, duérmete —respondió la hermana mayor, acariciándole la barba. Nunca sabemos lo que sucederá mañana...
> —No, *hijo*, nada.
> —¿Qué, *hijo*? (págs. 979-980).

Un poco más adelante Fidela vuelve a dirigirse en términos parecidos a Rafael: «—Querido, *hijito* mío —dijo Fidela abrazándole para que no se golpeara contra la pared—» (pág. 998). Pero no sólo ambas hermanas consideran a Rafael como a un niño, sino también el propio Galdós: «Cruz no quiso insistir por el momento. Habí obtenido la victoria con su admirable táctica. No le argüía la conciencia por haber mentido, pues Rafael era una criatura, y había que adormecerle, como a los *niños* llorones, con historias bonitas» (página 1010). Por si estos ejemplos no bastasen, el propio Rafael se reconoce a sí mismo como un niño: «...Yo discurro, él no; pero ambos somos igualmente *niños*.[5] Si yo, siendo como soy, estuviese ahora mamando y tuviera mi nodriza correspondiente, no sería más hombre que él, aunque pegado a la teta resolvería en mi cabeza todas las filosofías del mundo...» (pág. 1091).

Basten los ejemplos anteriores para señalar el papel de hijo o de niño que desempeña Rafael con respecto a sus hermanas. Sentado ya este particular sobre las relaciones filiales del ciego con ambas hermanas, se puede regresar a la discusión anterior sobre la afirmación de Gullón de que existe una relación incestuosa entre Rafael y su hemana Fidela.

Como se dijo, el ilustre crítico tiene razón en parte al hacer esta aseveración; pero aparentemente se equivoca al juzgar que pudiera existir una relación incestuosa de hermano a hermana, pues lo que parece existir entre Rafael y Fidela es una relación incestuosa de madre a hijo o viceversa. Según Hall, «con prioridad a la emergencia del período fálico, el niño ama a su madre y se identifica con su padre. Cuando el instinto sexual aumenta, el amor del niño por su madre se vuelve más incestuoso... Esta situación, en que el niño ansía la absoluta posesión sexual de su madre y exhibe un marcado antagonismo por su padre, se llama complejo de Edipo».[6] La conducta de Rafael ofrece muchos más puntos de contacto en el complejo de Edipo, como se verá en el presente estudio, que con la relación incestuosa propuesta por Gullón. Sin embargo, para el presente análisis del suicidio cualquiera de estas dos teoría representa un paso de avance en la evolución psíquica de Rafael hacia su acto de autodestrucción; ya que ambas representan básicamente la pérdida del objeto amado, bien sea éste la madre o la mujer deseada.[7]

Dejando parcialmente sentadas las bases socio-psicológicas en que

5. Los vocablos «niño» e «hijo» y sus derivados no aparecen subrayados en el original.

6. Calvin S. Hall. *A Primer of Freudian Psychology*. New American Library, New York, 1954, pág. 109.

7. Sigmund Freud. *General Psychological Theory*. Este autor señala que cuando se pierde al objeto amado existe la posibilidad de que se establezca una conducta suicida en quien lo ha perdido (págs. 164-171).

se fundará la conducta suicida, Galdós introduce otro elemento: el orgullo, que desde la perspectiva del novelista representa uno de los más importantes pilares en el trágico fin de Rafael. Como señala Eoff este personaje, así como Federico Viera de *Realidad,* encarna la deterioración de la aristocracia y «la inflexible adoración de la sangre noble».[8] En otras palabras: el orgullo de Rafael es un factor determinante en su conducta suicida. Cruz en una conversación que sostiene con Fidela expone esta característica de la personalidad de su hermano: «El maldito orgullo de raza. Nosotros lo hemos perdido con este baqueteo espantoso del Destino. ¡Raza, familia, clases! ¡Qué miserable parece todo eso desde esta mazmorra en que Dios nos tiene metidas hace tantos años! Pero él [Rafael] conserva ese orgullo, la dignidad del nombre que se tenía por ilustre, que lo era... Es un ángel de Dios, un niño: su ceguera le conserva tal y como fue en mejores tiempos. Vive como encerrado en una redoma, en el recuerdo de un pasado bonito, que... El nombre lo indica: *pasado* quiere decir... lo que no ha de volver» (pág. 985).

Esta situación es precisamente en la que se halla Rafael cuando comienzan a desarrollarse los acontecimientos que determinarán su conducta suicida. Por una parte la ceguera y su desventajosa posición social lo sitúan parcialmente al margen de la sociedad; por otra su orgullo, que no ayuda en lo más mínimo a su posible integración social y familiar, tiende a enajenarlo aún más de sus semejantes. Todos estos factores contribuyen —como dice Cruz— a que viva «encerrado en el recuerdo de un pasado bonito». El «pasado bonito» es precisamente la «realidad» interna que Rafael se ha creado para poder seguir viviendo fuera de la «realidad externa». Mientras él conserve aquellos íntimos lazos afectivos con sus dos hermanas no habrá razón para pensar en el suicidio. Mientras él logre conservar su orgullo intacto tampoco existe el peligro de la auto-destrucción. Pero cuando los valores afectivos y su orgullo se vean amenazados, debilitados, o rotos; entonces sí habrá razón para que comience a funcionar el mecanismo suicida.

Desde el punto de vista galdosiano, uno de los reactivos que viene a precipitar el comienzo de la trayectoria suicida de Rafael es el personaje que da nombre a la novela: Torquemada. Pero a pesar de

---

8. Sherman H. Eof. *The noveles of Pérez Galdós* (pág. 100).

que la presencia de Torquemada afecta las relaciones socio-psicológicas de Rafael con su familia y con otros miembros de la sociedad, su principal papel consiste en deshacer los ideales calderonianos del honor que el ciego sustenta y que quiere imponer a su familia.

Torquemada es una de las figuras que más aparece en la novelística galdosiana. Además de figurar como personaje central de la serie que lleva su nombre, se le halla en *El doctor Centeno* (1883), *Fortunata y Jacinta, Realidad,* y en otras muchas obras. Entre los críticos que han estudiado a Torquemada se hallan Casalduero [9] y Eoff; [10] pero ninguno ha ahondado mucho en la relación que tiene el personaje con la conducta suicida de Rafael. Será desde este último punto que se estudiará en este trabajo a Torquemada: en su papel como antagonista de Rafael.

Francisco Torquemada, que vendrá a resolver el problema económico de la familia del Águila y a motivar en parte la conducta suicida de Rafael, no es ninguna «joya» en lo que respecta a su apariencia física y a sus modales:

Éste era un hombre de mediana edad, canoso, la barba afeitada de cuatro días, moreno y con un cierto aire clerical. Era en él costumbre invariable preguntar por la familia al hacer su saludo, y hablaba separando las palabras y poniendo entre los párrafos asmáticas pausas, de modo que el que le escuchaba no podía menos de sentirse contaminado de entorpecimientos en la emisión del aliento. Acompañaba sus fatigosos discursos de una lenta elevación del brazo derecho, formando con los dedos índice y pulgar una especie de rosquilla para ponérsela a su interlocutor delante de los ojos como un objeto de veneración... La fisonomía de aquel hombre era difícil de entender. Sólo doña Lupe, en virtud de una larga práctica, sabía encontrar algunos jeroglíficos en aquella cara ordinaria y enjuta, que tenía ciertos rasgos de tipo militar con visos clericales. Torquemada había sido alabardero en su mocedad, y, conservando el bigote y perilla, que eran ya entrecanos, tenía un no sé qué de eclesiástico, debido, sin duda, a la mansedumbre afectada y dulzona, y a un cierto subir y bajar de párpados con que adulteraba su grosería innata. La cabeza se le inclinaba siempre al lado derecho. Su estatura era alta, mas no arrogante; su cabeza, calva, crasa y escamosa, con un enrejado de pelos mal extendidos para cubrirla (págs. 2.065-2.066). [11]

9. Joaquín Casalduero. Vida y obra de Galdós, págs. 117-119, 137-143.

10. Sherman H. Eoff. *The Novels of Pérez Galdós.* Principalmente, págs. 105-111.

11. Federico Carlos Sainz de Robles. «Ensayo de un censo de los personajes galdosianos...» *Obras Completas* de Benito Pérez Galdós. Vol. 6 págs. 1715-2095.

Torquemada conoció a la familia del Águila a través de cierta asociación financiera que mantenía con doña Lupe *la de los pavos.* Esta señora como se recordará era tía de Maximiliano Rubín, personaje ya estudiado. Doña Lupe y Torquemada eran prestamistas y mantenían una relación bastante estrecha entre ellos. Doña Lupe había prestado dinero con interés a la familia del Águila; pero nunca llegó a cobrarlo. En cambio, fue aumentando su aprecio y admiración por la familia, hasta el punto de que los últimos préstamos a ésta fueron más bien una obra de caridad. Doña Lupe ha muerto y en el velorio se encuentran Torquemada y Cruz del Águila.

A Torquemada le ha llamado poderosamente la atención una dama de mediana edad, de porte distinguido, que parece expresar una profunda pena por la muerte de doña Lupe. En la conversación establecida entre ambos quedan sentadas las bases que justifican los acontecimientos que ocurrirán en el futuro:

[Torquemada a Cruz]... Figúrese si estaría tocada la pobrecita [doña Lupe], que me cogió por su cuenta y después de recomendarme a unas amigas suyas a quienes tiene dado a préstamos algunos reales, se empeñaba en...

[Cruz a Torquemada] —En que usted amplíase el préstamo, rebajando intereses...

—No, no era eso. Digo, eso y algo más: una idea estrafalaria que me habría hecho gracia si hubiera estado el tiempo para bromas. Pues... esas amigas de la difunta son unas que se apellidan *Águilas,* señoras de buenos principios, según oí; pobres porfiadas, a mi entender... Pues la matraca de doña Lupe era que yo me había de casar con una de las Águilas, no sé cuál de ellas, y hasta que cerró la pestaña me tuvo en el suplicio de *Tártaro* con aquellos disparates.

—Disparates, sí —dijo la señora gravemente—; pero en ellos se ve la nobleza de su intención. ¡Pobre doña Lupe! No le guarde usted rencor por ser un delirio. ¡Nos quería tanto...! ¡Se interesaba tanto por nosotros...!

Suspenso y cortado, don Francisco contemplaba a la señora, sin saber qué decirle.

—Sí —añadió ésta con bondad, ayudándole a salir del mal paso—. Esas Águilas somos nosotros, mi hermana y yo. Yo soy el Águila mayor... Cruz del Águila... No, no se corte; ya sé que no ha querido ofendernos con eso del supuesto casorio... Tampoco me lastima que nos haya llamado pobres porfiadas...

—Señora, yo no sabía...; perdóneme.

—Claro, no me conocía; nunca me vio, ni yo tuve el gusto de conocerle... hasta ahora, pues por las trazas paréceme que hablo con el señor don Francisco Torquemada (pág. 941).

El encuentro de Torquemada con Cruz del Águila altera por completo la posible tranquilidad de espíritu que el prestamista pudiera haber tenido. Se siente turbado por haber ofendido a una mujer tan bella y majestuosa, y a la vez atraído por ella:

> ... la imaginación de Torquemada iba en seguimiento de la señora del Águila, y fluctuaba entre el deseo y el temor de volverla a ver: deseo, por probar la enmienda de su torpeza, mostrándose menos ganso que en la primera entrevista; temor, porque, sin duda, las dos hermanas se soltarían a reír cuando le viesen, tomándole el pelo en la visita. Lo más negro era que, forzosamente, tenía que visitarlas, por encargo expreso de doña Lupe y obligación ineludible. Había convenido con su difunta amiga en renovar un pagaré de las dos damas añadiendo cierta cantidad. (pág. 943).

De los sentimientos presentes en Torquemada, «deseo», y «temor», Galdós hace que el primero predomine sobre el segundo en la mente del usurero; allanando el camino a las futuras relaciones entre Torquemada y la familia del Águila. También la promesa hecha a doña Lupe en su lecho de muerte, de renovar el pagaré, obliga a Torquemada a continuar estas relaciones.

Por fin Torquemada se llena de valor y resuelve visitar el hogar de la familia del Águila, después de haber indagado sobre ella con los comerciantes que la conocían. Si al prestamista le interesó Cruz del Águila, la hermanita menor de ésta, Fidela, también le llamó poderosamente la atención; pues Torquemada «no le quitaba el ojo a la cocinerita, que era una preciosa miniatura. Mucho más joven que su hermana, el tipo aristocrático presentaba en ella una variante harto común. Sus cabellos rubios, su color anémico, el delicado perfil, la nariz de caballete y un poquito larga, la boca amplia, el pecho de escasísimo busto, el talle sutil, denunciaban a la señorita de estirpe, pura sangre sin cruzamientos que vivifican, enclenque de nacimiento y desmedrada luego por una educación de estufa» (pág. 946). Lo de «educación de estufa» tiene su origen en que de la misma forma que Cruz funge como directora intelectual de la supervivencia de la familia, su hermanita Fidela, que tenía veintisiete años a la sazón, desempeña en la casa las funciones de cocinera.

Torquemada queda profundamente impresionada tanto por la belleza como por el porte de ambas mujeres, que a todas luces demuestran tener una educación mucho más refinada que la de él. Torquemada ha quedado tan encantado con sus nuevas amistades, que se hace cliente asiduo de las tertulias que tienen lugar en casa de los de Águila:

«Dicho se está que antes faltarán las estrellas en la bóveda celeste que Torquemada en la tertulia de las señoras del Águila, y en la confraternidad del señor de Donoso, a quien poco a poco imitaba, cogiéndole los gestos y las palabras, la manera de ponerse el sombrero, el tonito para saludar familiarmente, y hasta el modo de andar» (pág. 961).

Este señor de Donoso era un antiguo amigo y benefactor de la familia del Águila. Su introducción en la novela tiene una doble significación. El primer lugar viene a ser el modelo de corrección y medimiento en el trato social que Torquemada tratará de imitar; por otra parte, es quien aconseja a Torquemada sobre lo ventajoso que resultaría para él socialmente contraer matrimonio con una de las hermanas. Además de estas dos funciones también es Donoso quién introduce al usurero en el nuevo mundo de las altas finanzas.

Es un hecho bien conocido que cuando dos o más personas se encuentran por primera vez cada una trata de evaluar a las demás, y al mismo tiempo tratan de poner de manifiesto sus mejores cualidades para causar una buena impresión. Ya se sabe de qué manera Cruz impresionó a Torquemada en su primer encuentro. Con las consecutivas visitas del usurero esta opinión no cambia, sino que se acentúa cada vez más la admiración de Torquemada por Cruz. En cambio, Torquemada sólo ve en Fidela (que será su esposa en el futuro) una especie de hija: «...El sentimiento que la joven del Aguila le inspiraba era muy raro. Habría deseado que fuese su hija, o que su hija Rufina se le pareciese, cosas ambas muy difíciles de pasar del deseo a la realidad. Mirábala como un niña a quien no se debía consentir ninguna iniciativa en cosas graves, y a quien convenía mimar, satisfaciendo de vez en cuando sus antojos infantiles» (pág. 962). Pero aunque éstos son los sentimientos de Torquemada por Fidela, el usurero percibe que en la actitud de ésta hacia él hay algo de burla: «En Fidela creía notar cierto despego y algo de intención zumbona, como si delicadamente y con mucha finura quisiera a veces... lo que en estilo vulgar se llama tomar el pelo.» (pág. 961). Junto a esa intención burlona Torquemada percibe también que Fidela siente cierta reserva hacia él. Este sentimiento es compartido a su vez por Rafael: «Y ellos le miraban a él con cierto recelo, que era lo más incomprensible» (pág. 961).

Este sentimiento resulta incomprensible para Torquemada, que sinceramente se siente atraído por la nueva amistad que ha encontrado en la familia del Águila; pero los dos miembros más débiles de ésta, los que dependen enteramente de Cruz para su manutención, se ven amenazados por la intromisión de un nuevo elemento, Torquemada, que vendrá a turbar los lazos afectivos que existen entre ellos. En otras palabras, la intromisión del usurero viene a alterar el equilibrio existente en la familia. Cruz del Águila, a su vez, no ve en Torquemada una amenaza sino la tabla de salvación que vendrá a sacarlos de la miseria horrible en que se hallan. Ella es, sobre todo, un espíritu práctico que se da cuenta de la imposibilidad de seguir viviendo de la forma en que lo han estado haciendo hasta el presente. Ella es quien ve en el matrimonio de Torquemada —con cualquiera de ellas— la solución del problema económico familiar. Este problema, que con anterioridad había sido bastante crítico, llegó a ser tan desesperado que se imponía una solución heroica para no perecer de hambre.

> «En tan críticos días apareció la solución. ¡La solución! Sí que lo era, y cuando Donoso la propuso, refrescando memorias de doña Lupe, que le había propuesto también como una chifladura que hacía reír a las señoras, Cruz se quedó aturdida un buen espacio de tiempo, sin saber si oía la voz de la Providencia anunciando el iris de paz, o si el buen amigo se burlaba de ella...
> Hizo Cruz un gesto de repugnancia, y después un gesto de conformidad, y sucesivamente una serie de gestos y mohínes que denotaban la turbación de su alma. Solución, sí, solución era...» (págs. 976-977).

Ya Torquemada había manifestado a Donoso su determinación de contraer matrimonio con una de las Águilas; pero ni él se había decidido por ninguna, ni tampoco se sabía a cuál de ellas correspondería tan dudoso honor: «Faltaba el *sí* del *elemento* femenino. Cruz, que aquella mañana tenía un volcán en su cerebro... movió los brazos como un delirante tifoideo, y exclamó: 'Aceptado, aceptado, pues no hay valor para el suicidio'» (pág. 977). Después de aceptar el «sacrificio» como única solución para escapar de la miseria y de considerar cuidadosamente todas las ventajas y desventajas que de él se derivarían, Cruz determina que la persona idónea para contraer matrimonio con Torquemada es su hermana Fidela.

Contrariamente de lo que se pudiera esperar, Fidela acepta su papel de víctima expiatoria alegremente; ya que ello implica el salir de la horrenda miseria y aislamiento social en que se halla:

«De aquí para allá no más miseria [se dice Fidela a sí misma], no más hambre, no más agonías, ni la tristeza infinita de esta cárcel... Podré vestirme con decencia, mudarme de ropa, arreglarme, salir a la calle sin morirme de vergüenza, ver gente, tener amigas... y, sobre todo, soltar este remo de galera, no tener que volverme loca pensando en cómo ha de durar un calabacín toda la semana... No contar los garbanzos como si fueran perlas, no cortar y medir al quilate los pedazos de pan, comerme un huevo entero..., rodear a mi pobre hermano de comodidades, llevarle a baños, ir yo también, viajar, salir, correr, ser lo que fuimos...» (pág. 982).

Es notorio que ninguna de las dos hermanas está totalmente insatisfecha con el matrimonio. Cruz lo acepta como un sacrificio necesario y Fidela, que lógicamente debió de haberse opuesto a éste, encuentra en su unión con Torquemada una puerta de escape a la esclavitud a que se hallaba sometida. Rafael, empero, que ya desde antes había adivinado la conjuración que se urdía en torno a él para mantenerlo ignorante de los acontecimientos, no puede resistir la idea de ver a su hermana unida en matrimonio a un personaje de tan baja extracción social. En una conversación que tiene con Fidela se ponen de manifiesto los sentimientos del ciego sobre el nuevo acontecimiento que vendrá a alterar la paz familiar:

—Paréceme que lloras —tentándole la cara—. Sí..., tu cara está mojada. Fidela, ¿qué es esto? Respóndeme a la pregunta que te hice. En ese cambio, en ese..., no sé cómo decirlo..., ¿figura de algún modo, como causa, como agente principal, ese amigo de casa, ese hombre ordinario que ahora estudia para persona decente?

—Y si figurara, ¿qué? —contestó la joven, después de hacerse repetir tres veces la pregunta.

—No digas más. ¡Me estás matando! —exclamó el ciego, apartándola de sí—. Vete, déjame solo... No creas que me coge de nuevas la noticia. Hace días que me andaba por dentro una sospecha... Dios mío, bien hiciste en cegarme para que no viera tanta ignominia...

—Pero óyeme... Ten juicio, ten prudencia. Déjame que te peine. De una manotada arrancó Rafael el peine de manos de Fidela y lo partió en dos pedazos.

—Vete a peinar a ese mastín, que lo neceesitará más que yo. Estará lleno de miseria...

—¡Hijo, por Dios!... Te van a poner malito.

—Eso es lo que deseo. Mejor me vendría morirme; y así os quedábais tan anchas, en libertad para degradarnos cuanto quisiérais.

—¡Degradarnos! Pero ¿tú que te figuras?

—No, si ya sé qué se trata de matrimonio en regla. Os vendéis, por mediación o corretaje de la Santa Iglesia. Lo mismo da. La ignominia no es menor por eso. Sin duda creéis que nuestro nombre es un troncho de col, y se lo arrojáis al cerdo para que se lo coma. (pág. 984).

Este diálogo representa, tando desde el punto de vista socio-psicológico como desde el de la narrativa, el principio de la trayectoria suicida que seguirá Rafael y que dará al traste con su vida. Desde una perspectiva socio-psicológica quedan establecidas las principales razones que determinan su suicidio. Rafael hasta ahora se había sentido más o menos seguro en el seno familiar. Su posición de hermano-hijo con respecto a sus hermanas nunca se había visto amenazada. Antes había supuesto que quizá se estuviese tramando algo en «contra suya», ahora tiene la confirmación de sus sospechas. Con la aceptación de Torquemada como pretendiente de su hermana, Rafael ve en peligro la posición central que ocupa con respecto a sus hermanas. La integración familiar que lo mantenía estrechamente unido a su familia y por ende a la vida se debilita con la aceptación de Torquemada como miembro del grupo íntimo familiar. Las palabras de Rafael «vete a peinar a ese mastín» no representan nada más que un agudo ataque de celos frente a su rival. Lo que antes en Rafael fue recelo por Torquemada se convierte en odio, en agresividad, al invasor que pretende destronarlo de la posición privilegiada que disfruta. Torquemada viene a perturbar su mundo interior; la situación ideal en que se ha refugiado para poder seguir viviendo. Este episodio representa el primer paso de Rafael hacia la enajenación social y familiar que lo llevará a acabar con su propia vida. El odio que siente en estos momentos es hacia Torquemada, a quien primero llama «mastín» y luego «cerdo»; sin embargo, Fidela, por ser la más próxima a él en esos momentos, también es blanco de la furia del ciego. La agresividad hacia Torquemada y hacia Fidela que exhibe Rafael forman parte integral del mecanismo suicida; pues dicha agresividad al volverse en contra del propio ciego hace que el impulso homicida se convierta en suicida, como efectivamente sucederá en el futuro.

Para Galdós sin embargo, el honor calderoniano de Rafael parece

69

ser el móvil principal de su odio. Su orgullo no le permite aceptar la idea de que Fidela contraiga matrimonio con una persona que está muy por debajo de sus linajudos ideales, por eso considera una ignominia tal unión sin pensar en el futuro bienestar económico que de ella resultaría. Tal parece como si su ceguera fuera doble: por una parte no ve nada ni nadie de lo que le rodea, y por otra tampoco ve los beneficios que tal arreglo representa para sus hermanas. En realidad Rafael tiene muy poco que ganar con el matrimonio de Fidela, pues él ya prácticamente disfruta de todos los beneficios que pudiera tener. Muy pocas veces ha pasado hambre o privaciones como sus hermanas, nunca ha tenido que salir a trabajar para ganar el diario sustento, ni nunca le ha faltado la total atención ni el cariño de ellas. Es por ello que Rafael puede darse el lujo de mantener una actitud despreciativa hacia Torquemada; pero tal vez haya una razón más poderosa detrás del orgullo de Rafael: el miedo. Según Egri «el miedo es siempre humillante y por eso representa la máxima expresión de inseguridad. El demostrar inseguridad representa una falta de dignidad. ¿Qué es dignidad? Un camuflage para sentirse importante.»[12]

Egri, en el capítulo titulado «The Importance of Being Important» (págs. 29-36), señala que en toda obra de ficción, como en la vida real, el deseo de sentirse importante ante los ojos de los demás es el principal móvil de la conducta humana. Aplicando este principio a la figura de Rafael se comprenderá aún más exactamente cuáles son las causas que motivan la conducta suicida del ciego.

Rafael es indudablemente la figura central en el seno familiar. Goza del cariño, de la atención, y hasta de la adoración de sus hermanas. Se siente importante en el microcosmos en que se desenvuelven sus actividades. Pero este microcosmos participa a la vez de dos realidades: Una exterior, con la que Rafael tiene escaso contacto; y otra interior mucho más amena, agradable y segura. La exterior viene a representar sus escasos contactos con aquellas personas que visitan su domicilio como Donoso e Hipólito Valiente. Este último sobre todo tiene una gran influencia sobre Rafael:

> Hipólito Valiente, vigilante de Consumos, soldado viejo, que estuvo en la campaña de África: el grande amigo del ciego Rafael del Aguila, que gozaba lo indecible oyéndole contar sus hazañas, las cuales en boca

---

12. Lajos Egris. *The Art of Creative Writing*. The Citadel Press, New York, 1965, pág. 35.

del propio héroe de ellas, resultaban tan fabulosas como si fuera el mismísimo Ariosto quien las cantase. Si se llevara la cuenta de los moros que mandó al otro mundo en los Castillejos, en Monte Negrón, en el llano de Tetuán y en Wad-Ras, no debía quedar ya sobre la Tierra ni un solo sectario de Mahoma para muestra de la raza... Para Rafael, en el aislamiento que le imponía su ceguera, incapaz de desempeñar en el mundo ningún papel airoso conforme a los impulsos de su corazón hidalgo y de su temple caballeresco, era un consuelo y un solaz irremplazables oír relatar aventuras heroicas, empeños sublimes de nuestro Ejército, batallas sangrientas en que las vidas se inmolaban por el honor. El honor siempre lo primero, la dignidad de España y el ilustre de la bandera siempre por cima de todo interés de la materia vil! (página 990).

Por una parte Hipólito contribuye a aliviar la monotonía de la vida del ciego, y por otra ayuda a crear —o quizás alimentar— la realidad interna de Rafael con sus historietas, en las que siempre predomina el honor como sentimiento principal. Para una persona no carente de visión, tales historias serían objeto de risa; pero para el ciego son motivo de alegría, pues contribuyen a reforzar sus arcaicos sentimientos sobre la hidalguía y el honor. Evidentemente Rafael se identifica con las hazañas gloriosas narradas por este singular personaje, y en esa identificación encuentra salida sus sentimientos de «sentirse importante.» Pero ahí no termina la realidad interna del ciego. Esas caballerescas aventuras vienen más bien a reforzar el aislamiento social en que se halla Rafael, pues como muy bien señala su hermana Cruz del Aguila, el ciego ha seguido viviendo en el pasado; en un pasado feliz que ofrece un mundo estático:

(A Rafael): No has visto la transformación del mundo y de los tiempos. De nuestra miseria actual y de la humillación en que vivimos no ves la parte dolorosa. Lo más negro, lo que más llega al alma y la destroza más, no lo conoces, no puedes conocerlo. Estás todavía, por el poder de la imaginación, en aquel mundo brillante y lleno de ficciones... (página 987).
Si recobraras la vista, verías que el mundo ha marchado, y que te quedaste atrás, con las ideas de tu tiempo amojamadas en la mollera. Te figuras la sociedad conforme al criterio de tu infancia o de tu adolescencia, informadas en el puro quijotismo, y no es eso, Señor, no es eso. Abre tus ojos; digo, los ojos no puedes abrirlos; abre de par en par tu espíritu a la tolerancia, a las transacciones que nos impone la realidad y sin las cuales no podríamos existir. Se vive de las ideas generales, no de las propias exclusivamente, y los que pretenden vivir de las

71

propias exclusivamente suelen dar con ellas y con sus cuerpos en el manicomio. (pág. 996).

Estas palabras de Cruz del Aguila son proféticas, pues de hecho lo que está dejando sentado es la imposibilidad de vivir en una realidad ficticia —creada por la imaginación— sin degenerar en la locura. Cosa que ocurrió con Maximiliano Rubín en *Fortunata y Jacinta*. Sin embargo, no se menciona la otra posibilidad que existe como escape a la realidad exterior: el suicidio.

A pesar de los muchos esfuerzos de Cruz del Aguila por conseguir que Rafael acceda al casamiento de Fidela con Torquemada, el orgullo del ciego no le permite estar de acuerdo con el matrimonio; pero los sentimientos contrarios a esta unión de Rafael no sólo se basan en su orgullo. Está en juego también la pérdida de su papel como figura central en el hogar, y la pérdida de su madre-hermana Fidela. Por estas razones es que el ciego demuestra una intransigencia extraordinaria sobre la admisión de Torquemada como miembro de la familia en el hogar.

Rafael vive en un mundo ideal creado por su imaginación y los recuerdos de un pasado mejor. No reconoce los sentimientos de Fidela con respecto al matrimonio por lo que son. La imaginación del ciego le lleva a suponer toda clase de disparates al tratar de justificar la conducta de su hermana:

> Pero lo que le llenaba el alma de amargura era no advertir en su hermana Fidela aquel abatimiento y consternación que él creía lógicos ante el horrendo sacrificio. ¡Incomprensible fenómeno! Fidela no parecía disgustada, ni siquiera inquieta, como si no se hubiese hecho cargo aún de la gravedad del suceso, antes temido que anunciado. Sin duda, los seis años de miseria habíanla retrotraído a la infancia, dejándola incapaz de comprender ninguna cosa seria y de responsabilidad. Y de este modo se explicaba Rafael su conducta, porque la sentía más que nunca tocada de ligereza infantil (pág. 997).

Pero Fidela, por su parte, tenía una idea muy diferente a la de su hermano del matrimonio. Para ella éste representaba una especie de deber ineludible, un sacrificio hecho en aras del bienestar colectivo de la familia:

> La señorita del Aguila, en efecto, veía en su proyectado enlace tan sólo una obligación más sobre las muchas que ya sobre ella pesaban,

algo como el barrer los suelos, mondar las patatas y planchar las cami- solas de su hermano. Y atenuaba lo triste de esta visión oscura del matrimonio, figurándose también el vivir sin ahogos, el poner un límite a las horrendas privaciones y a la vergüenza en que la familia se con- sumía. (pág. 997).

Esta conducta desinteresada de Fidela, que en parte accede al matrimonio para ayudar a sus hermanos, contrasta con la conducta egoísta de Rafael que nunca llega a aceptar a Torquemada como cuñado. Esta intransigencia de Rafael puede interpretarse de dos formas. Por una parte tiende a aislarlo de su familia, de sus hermanas; pues ambas están más o menos de acuerdo con el matrimonio. Por otra tiende a anular la posible integración del ciego al seno familiar, ya que Torquemada vendrá a ser —al menos teóricamente— el jefe de la familia una vez que haya contraído matrimonio con Fidela. De esta forma queda perfectamente delineada la trayectoria suicida de Rafael, pues no sólo sus presentes relaciones con las hermanas co- mienzan a debilitarse, sino que el futuro no ofrece solución alguna a su problema. Seguirá formando parte del núcleo familiar; pero a medida que el tiempo pasa estará cada vez más aislado de sus lazos afectivos familiares. Rafael irá poco a poco separándose del mundo exterior para irse refugiando en su mundo interior, en el mundo ideado por su imaginación, donde el honor parece ser el sentimiento más preciado.

Ya Rafael ha comenzado a aislarse de su familia. Desde el punto de vista galdosiano, esa enajenación obedece al desmedido orgullo de raza del ciego; pero también los factores socio-psicológicos parti- cipan en la motivación de la conducta de Rafael. Pero, ¿puede hablar- se sobre la integración social del futuro suicida? Hasta cierto punto sí, porque aunque éste, después de haber quedado privado de la vista, ha mantenido algunos contactos con otros miembros de la sociedad que no son parte de su familia. Donoso participó de la amistad del ciego, aunque verdaderamente nunca gozó de su confianza; Hipólito Valiente también mantuvo relaciones amistosas con Rafael, pero su papel principal era el de narrarle imaginarias aventuras y alimentar su fantasía. Quizá una de las personas más allegadas al futuro suicida era Pepe Serrano Morentín, «el inseparable amigo de Rafael y su compañero de estudios desde la Universidad; y si en la época terrible, aquella amistad pareció extinguida, y apenas de higos a brevas, se veían los dos muchachos y refrescaban con cariñosa efusión los recuerdos infantiles, fue porque las Aguilas esquivaban toda visita, ocultándose en su triste y solitario albergue... ninguna amistad era tan grata al pobre ciego como la de su caro Morentín, que sabía llevarle el genio mejor que nadie, y despertar en él simpatía muy honda en medio de la indiferencia o desdén que hacia todo el género humano sentía» (página 1031). Pero Morentín tiene mucho de común con Hipólito Valiente, ya que sus relaciones con Rafael tienden a reforzar las ideas erróneas que sobre la realidad externa tiene el ciego. Morentín más que nada viene a refrescar «con cariñosa efusión los recuerdos estudiantiles»; o sea, viene a contribuir a que Rafael siga viviendo en su propia realidad.

Las relaciones sociales de Rafael son bastante precarias; hecho que tiene extremada significación en la conducta suicida. Como indica Durkheim, del grado de integración del individuo con la sociedad o grupo social a que pertenece, dependerá o no que éste trate de quitarse la vida. O sea, mientras mayor sea la integración social, menor será la posibilidad de suicidio.[13] Debido a su condición física Rafael está imposibilitado de ganarse el sustento, y por ende privado también de conocer a otras personas que hubieran contribuido a su integración social; ya que bien en una oficina, en una dependencia estatal o en cualquier tipo de empleo él hubiera ampliado el número de sus amistades. Por otra parte, su ceguera lo excluye de las obligaciones para con su familia y para con el resto de la sociedad. Así que el excesivo cuidado y atención que le han prodigado sus hermanas viene a perjudicarlo ya que al hacerlo depender exclusivamente de ellas para su supervivencia no están nada más que aislándolo del resto de la sociedad.

Resumiendo lo expuesto puede decirse que Rafael se halla parcialmente enajenado tanto de la familia como de la sociedad. Con la sociedad, después que perdió la vista, nunca estuvo realmente integrado; y con la familia, después de conocer que Torquemada vendrá a formar parte de ésta, comienzan a debilitarse los lazos filiales. Esto hace sospechar la posible presencia de la idea suicida; pero lo curioso es que quien primero hace referencia directa al suicidio es Cruz del Águila en una conversación que sostiene con Rafael:

13. Emile Durkheim. *Suicide*, págs. 209-216.

...Tampoco nos permite nuestro dignísimo carácter salir a la calle los tres, de noche, y alargar la mano esperando una limosna, ya que nos sea imposible pedirla con palabras... Pues bien: hijo mío, hermano mío, como no podemos hacer eso, ni tampoco aceptar otras soluciones que tú tienes por deshonrosas, ya no nos queda más que una, la de reunirnos los tres, y, bien abrazaditos, pidiendo a Dios que nos perdone, arrojarnos por la ventana y estrellarnos contra el suelo..., o buscar otro género de muerte, si ésta no te parece en todo conforme con la dignidad...

—¡Bendita sea, sí! —exclamó Rafael, acometido de un vértigo insano, entusiasmo suicida que no se manifestaba entonces en él por vez primera— (págs. 997-998).

Aquí vuelve a colocar Galdós al honor calderoniano como la principal fuerza en la conducta suicida de Rafael; pero contrario a sus palabras de que el entusiasmo suicida «no se manifestaba por vez primera», ésta es la primera oportunidad en que el lector se entera de que el ciego abrigaba pensamientos suicidas. A pesar de expresarse de esta forma, Cruz no tiene ningún deseo de acabar con sus días ni con los de sus hermanos. La idea principal de ella es tratar de impresionar al ciego con esta situación dramática para obligarlo a acceder al matrimonio. Cruz empero, no logra su propósito ya que Rafael nunca llega a cambiar de parecer.

Cruz del Águila, con la idea que tiene sobre el aspecto práctico de la vida, llega a perder la paciencia con su hermano y le recrimina agriamente su proceder:

—El decoro de la familia está en salvo... —replicó la mayor de las Aguilas con arranque viril—. ¿Acaso eres tú el único depositario de nuestro honor, de nuestra dignidad?

—Voy creyendo que sí.

—Haces mal en creerlo —añadió la dama con vibración grande del labio inferior—. Ya te pones pesadito, y un poco impertinente. Se te toleran tus genialidades; pero llega un punto, hijo, en que se necesita, para tolerarlas, mayor paciencia y mayor calma de las que yo tengo; y cuenta que las tengo en grado sumo... Basta ya, y demos por terminada esta cuestión. Yo lo quiero así, yo lo mando... Lo mando, ¿oyes? (página 995).

Los temas centrales de esta conversación son el proyectado casamiento de Torquemada con Fidela y el sentido exagerado que del honor tiene Rafael, que trata por todos los medios de evitar el matrimonio. Cruz en su papel de madre-hermana ha logrado imponerle a

Fidela el casamiento con Torquemada, cosa que ésta acepta no tanto como una carga sino como una especie de liberación de su esclavitud; a Rafael en cambio nunca logra imponerle su voluntad. Le ordena que lo acepte; pero el ciego nunca cambiará su parecer sobre el particular, cosa que se pone de manifiesto en una conversación sostenida entre los tres hermanos:

[Rafael]: —...Desde nuestro bisabuelo, muerto en el combate naval del cabo San Vicente, hasta el primo Feliciano de la Torre-Auñón, que pereció con gloria en los Castillejos, no verás más que páginas de virtud y de cumplimiento estricto del deber. En los Torre-Auñón jamás hubo nadie que se dedicara a estos oscuros negocios de comprar y vender las cosas..., mercaderías, valores, no sé qué. Todos fueron señores hidalgos que vivían del fruto de las tierras patrimoniales, o soldados pundonorosos que morían por la patria y el rey, o sacerdotes respetabilísimos. Hasta los pobres de esa raza fueron siempre modelo de hidalguía... Déjame, déjame que me aparte de este mundo y me vuelva al mío, al otro, al pasado... Como no veo, me es muy fácil escoger el mundo más de mi gusto... No quiero nada de vosotras que me deshonráis.

—Te he perdido. Ya no existes. Veo lo bastante para verte en los brazos del jabalí —gritó Rafael con turbación frenética, moviendo descompasadamente los brazos—. Le aborrezco; a ti no puedo aborrecerte; pero tampoco puedo perdonarte lo que haces, lo que has hecho, lo que harás...

—Querido, hijito mío —dijo Fidela abrazándole, para que no se golpeara contra la pared—. No seas loco... Escucha... Quiéreme como te quiero yo.

—Pues arrepiéntete...

—No puedo. He dado mi palabra.

—¡Maldita sea tu palabra y el instante en que la diste!... Vete; ya no quiero más que a Dios, el único que no engaña, el único que no avergüenza... ¡Ay, deseo morirme!... (pág. 998).

El tema central de la honra vuelve a relucir en este último diálogo; pero en él se encuentra otro elemento que tiene una significación extraordinaria con relación a la motivación suicida: el desprecio por Fidela, su hermana-madre.

Rafael no se encontraba verdaderamente integrado a la sociedad por una parte; y por otra, las relaciones afectivas que le unían a los miembros de su familia habían comenzado a debilitarse con la posible presencia de Torquemada en el seno familiar. Ahora Rafael repele a la más querida de sus dos «madres». Recuérdese que el ciego presenta una dicotomía con respecto al afecto que sentía por cada una de sus hermanas. A Cruz la ve como a una especie de madre-autoritaria, mientras que a Fidela la ve como a una madre tierna que atiende a sus más íntimas necesidades —tanto fisiológicas como psicológicas. Esta última era una confesora con quien Rafael compartía sus más secretos pensamientos, y en quien confiaba implícitamente. Con la aceptación de Torquemada por parte de Fidela, ésta da un golpe mortal al amor que por ella sentía Rafael. El ciego ha perdido a su hermana-madre, y también la posición central que hasta el presente había disfrutado en su familia: la de niño mimado. La enajenación familiar va posesionándose paulatinamente de Rafael. Esta enajenación ya había comenzado a manifestarse con anterioridad:

—Podréis Cruz y tú hacer lo que queráis. Yo me separo de vosotras. Mucho os he querido y os quiero; me será imposible vivir lejos de ti, Fidela, de ti, que eres el único encanto de esta vida mía, rodeada de tinieblas; de ti, que eres para mí la luz, o algo parecido a luz que he perdido. Me moriré de pena, de soledad; pero jamás autorizaré con mi presencia esta degradación en que vais a caer (pág. 994).

Aún en esta escena, que antecede a la citada con anterioridad, puede verse que el único lazo afectivo que realmente le quedaba a Rafael en su familia era el que lo unía a Fidela. Cruz del Aguila, quizá debido a su papel autoritario, ya no gozaba del cariño del ciego en la misma medida que su hermana. Rafael posiblemente no siente tanto el haber perdido a su madre-autoritaria, como a su madre tierna (Fidela).

A medida que Rafael ha ido perdiendo el cariño por sus hermanas, también ha ido en aumento el odio que siente por Torquemada. Mientras más se aproxima la fecha de la boda, mayor es el odio del ciego por el prestamista. Los epítetos que prodiga Rafael a Torquemada, «mastín», «cerdo», «jabalí», «asquerosa sanguijuela», son indicios de la creciente agresividad del ciego por éste. Pero ni los mayores arrebatos de furia de Rafael parecen tener ningún efecto en la trayectoria matrimonial de Torquemada. El último desesperado esfuerzo de Rafael por impedir el inminente matrimonio fue el de abandonar su casa. Aprovechando que lo habían dejado solo por unos instantes salió furtivamente a la calle; y al verse en ella, lo invadió la alegría inmensa de verse libre: «Al llegar a Recoletos saboreó la frescura del ambiente que de los árboles surgía, y su gozo aumentó con la grata idea de independencia en aquellas anchuras, pudiendo tomar la dirección más de su gusto sin que nadie le marcase el camino ni la mandara detenerse» (pág. 1001). Pero junto a esa sensación de libertad aparece otro sentimiento sumamente significativo desde el punto de vista del suicidio: del deseo de castigar a sus hermanas:

«¡Qué apuradas andarán mis hermanas buscándome! —dijo comiendo despacito—. Fastidiarse. Os habéis acostumbrado a que yo fuese un cero, siempre un cero. Convenido: soy cero, pero os dejo solas, para que valgáis menos. Y yo me encastillo en mi dignidad de cero ofendido, y sin valer nada, absolutamente nada para los demás, me declaro libre y quiero buscar mi valor en mí mismo. Sí, señoras del Aguila y de la Torre-Auñón: arreglad ahora vuestro bodorrio como gustéis, sin cuidaros del pobre ciego (págs. 1003-1004).

Ya se ha discutido el carácter infantil que posee la personalidad de Rafael; y también, la importancia que tiene la agresividad en la conducta suicida. Don D. Jackson [14] señala que varios estudios sobre el suicidio en los niños demuestran que el suicidio se puede interpretar como una tentativa de escape a una situación insoportable; y que tal situación es motivada principalmente por la falta de amor. Un poco más adelante añade: «Esta tentativa también constituye una especie de castigo contra las personas más allegadas al sujeto, y un método para conseguir una mayor cantidad de amor» (pág. 13). Esto es precisamente lo que está tratando de conseguir Rafael con su escapada: «conseguir una mayor cantidad de amor». Con su fuga logra «castigar» a sus hermanas y volver a ser nuevamente el centro de atención familiar.

Rafael vuelve a ocupar el lugar principal de la atención familiar; pero no consigue hacer cambiar de idea sobre la boda a su hermana Cruz del Aguila, pues cuando ella lo encuentra lo engaña haciéndole creer que Torquemada había rescatado unas fincas pertenecientes a la familia Cruz que se hallaban en litigio. Por primera vez Rafael reconoce la imposibilidad de retirar la palabra de casamiento dada a Torquemada; pero no ve que está siendo engañado como un niño:

Cruz no quiso insistir por el momento. Había obtenido la victoria con su admirable táctica. No le argüía la conciencia por haber mentido,

14.   Don D. Jackson. «Theories of Suicide.» *Clues to Suicide,* págs. 11-21.

pues Rafael era una criatura y había que adormecerle, como a los niños llorones, con historias bonitas. El cuento infantil empleado hábilmente por la dama no era verdad sino a medias, porque al pactar Donoso y Torquemada el rescate de las fincas de la sierra de Córdoba establecieron que esto debía verificarse después del casamiento (pág. 1010).

La escapada de Rafael no tiene mayores consecuencias, pues por fin la boda llega a celebrarse. Con este matrimonio queda sellado el trágico final de Rafael. Lo que tanto temía, la pérdida de su hermana-madre, se confirma definitivamente. De esta manera queda Rafael enajenado totalmente tanto de su familia como de la sociedad.

En las últimas páginas de *Torquemada en la Cruz* aparece Rafael todo lleno de odio y con impulsos homicidas:

—Cándido, [dice Rafael a su amigo] por lo que más quieras, hazme un petardo, un petardo que al estallar se lleve por delante..., ¡qué sé yo!, medio mundo... No te asustes de verme así. La impotencia en que vivo me inspira locuras como la que acabo de decirte... te lo repito, sabiendo que es una locura: yo quiero matar. Cándido —excitadísimo, levantándose— quiero matar, porque sólo matando puedo realizar la justicia. Y yo te pregunto: ¿De qué modo puede matar un ciego? Ni con arma blanca, ni con arma de fuego. Un ciego no sabe donde hiere, y creyendo herir al culpable, fácil es que haga pedazos al inocente... Pero, lo que yo digo, discurriendo, discurriendo, un ciego puede encontrar medios hábiles de hacer justicia (pág. 1015).

En realidad no lo mueve su sentido de la «justicia», sino su impotencia ante la realidad externa que se opone a sus ideales. Esta agresividad acabará volviéndose contra el ciego mismo, y culminará en el suicidio. Los pensamientos homicidas indican también que Rafael considera que la fuente de su frustración es externa, dado que su agresividad está dirigida hacia otras personas. Como señalan Andrew F. Henry y James F. Short, mientras la persona que manifiesta una tendencia homicida, producto de una frustación, considere que la causa de esa frustación sea externa la tendencia será homicida; pero cuando la misma persona se considere a sí misma como la causa de la frustración, entonces la conducta homicida se convertirá en suicida.[15] La frustación de Rafael tiene sus raíces en la incapacidad suya de no poder impedir el matrimonio; pero aún no se culpa a sí mismo por ello, sino a los demás, y especialmente a Torquemada. Rafael, que ha

15. «The Sociology of Suicide», que aparece en las págs. 58-69 de *Clues to Suicide*.

79

fracasado miserablemente en su propósito de destruir el matrimonio entre el usurero y Fidela, es la viva representación del odio y la frustación. Torquemada, en cambio, se siente feliz con su matrimonio y alegre de que el ciego haya regresado a la casa después de su fuga: «¡Al fin, Rafael!... Toda la familia reunida..., ¡el bello ideal!... (página 1017). Y con estas palabras se da fin a *Torquemada en la Cruz.*

Torquemada en el Purgatorio presenta a Rafael casi en el mismo estado mental que exhibía anteriormente; pero reconociendo la situación en que se halla su familia con respecto a la sociedad:

> —No se te puede tolerar que hables de esa manera —dijo la hermana mayor, disimulando la zozobra que aquel descompuesto reír iba levantando en su alma—. Nunca he visto en ti ese humor de chacota, ni esas payasadas de mal gusto, Rafael. No te conozco.
> —De algún modo se había de revelar en mí la metamorfosis de toda la familia. Tú te has transformado por lo serio, yo por lo festivo. Al fin seremos todos grotescos, más grotescos que él, pues tú conseguirás retocarle y darle barniz... Pues sí, me levantaré; dame mi ropa... Digo que la sociedad concluirá por ver en él un hombre de cierto mérito, un tipo de esos que llaman *serios,* y en nosotros, unos pobres cursis, que por hambre hacen el mamarracho.
> —No sé cómo te oigo... Debiera darte azotes como a un niño mañoso... Toma, vístete; lávate con agua fría para que se te despeje la cabeza (pág. 1026).

Este corto diálogo refleja concisamente la situación en que se halla el ciego. Por una parte continúa desempeñando su papel de niño ya que su hermana lo sigue tratando como tal. Por otra, ha aceptado parcialmente la realidad. Reconoce que el matrimonio de Fidela con Torquemada es un hecho consumado; pero su orgullo inmenso le prohíbe la aceptación del usurero como miembro de su familia. Reconoce también que la sociedad llegará a hallar cierto mérito en Torquemada; pero distingue claramente que él y sus hermanas no llegarán a ser nada más que unos «cursi». Este diálogo también ofrece un dato sumamente importante: el «descompuesto reír» del ciego. Esta risa sin motivo aparente es parte de la «metamorfosis» sufrida por Rafael; pero la transformación sufrida no es hacia la integración social como sus hermanas. La transformación del ciego es psicológica, ya que su incomprensible risa es una manifestación de un desorden nervioso. La propia Cruz, en la propia conversación, considera que las aseveraciones de Rafael sobre el matrimonio —que él considera una sátira— son producto de un desajuste emocional:

—Yo no he notado eso —afirmó Cruz resueltamente—; y no hay tal sátira más que en *tu descarriada imaginación* [16] (pág. 1026).

Por si quedase alguna duda sobre el estado mental de Rafael, durante el almuerzo y en ausencia del ciego, se discute este particular. El primero en hablar es Torquemada que se dirige a su cuñada:

—¿Qué hay, qué ocurre? —le preguntó alarmadísimo.
—Esto nos faltaba... Le aseguro a usted, amigo mío que Dios quiere someterme a pruebas demasiado duras... Rafael está enfermo, muy enfermo.
—Pues si esta mañana se reía como un descosido.
—Precisamente..., ese es el síntoma.
—Reirse..., ¡síntoma de enfermedad! Vaya, que cada día descubre uno cosas raras en este *nuevo régimen* a que ustedes me han traído. Siempre he visto que el enfermo lloraba, bien porque le dolía algo, bien por falta de respiración, o por no poder romper por alguna parte... Pero que los enfermos se desternillen de risa es lo único que me quedaba por ver.
—Lo mejor —indicó Fidela, ocupando su asiento en la mesa y mirando con sereno y apacible rostro a su marido— será llamar a un médico especialista en enfermedades nerviosas... Y cuando más pronto mejor...
—No podemos consentir que tome cuerpo esa neurosis, dijo Cruz, ocupando su sitio (págs. 1027-1028).

El estado mental de Rafael continúa deteriorándose a medida que va separándose de la realidad exterior y encerrándose en su propio mundo —en el mundo interno que se ha creado para escapar de la realidad—. El propio Galdós admite que el «meollo» de Rafael no anda muy bien: «Casi todo el día lo pasaron las dos hermanas procurando normalizar el destemplado meollo de Rafael, para lo cual corregían la palabra descompuesta con la palabra juiciosa, y la incongruente risa con la seriedad razonable y amena» (pág. 1030).

Rafael está conciente de que vive fuera de la realidad externa y desea conocer cómo es el mundo que le rodea, y en una conversación que sostiene con su amigo Morentín expresa este sentir:

16.   No aparece subrayado en el original.

—Ya lo verás. La cuestión es tan grave, que no me lanzo a formularla sin una miajita de preámbulo. Allá va: José Serrano Morentín, representante del país, propietario, paseante en corte y *sportman*, dime: en el momento presente, ¿cómo está la sociedad en punto a moralidad y buenas costumbres?

Rompió a reír el buen amigo, seguro ya de que Rafael, como otras veces, después de anunciar aparatosamente una cuestión peliaguda, salía con cualquier cuchufleta.

—No te rías, no. Ya te irás convenciendo de que esto no es broma. Te pregunto si en el tiempo en que yo he vivido apartado del mundo, dentro de este calabozo de mi ceguera, adonde apenas llegan destellos de la vida social, han variado las costumbres privadas y las ideas de hombres y mujeres sobre el honor, la fidelidad conyugal, etcétera. Me figuro que no hay variación. ¿Acierto? Sí. Porque en mi tiempo, que también es el tuyo, allá tú y yo andábamos por el mundo divirtiéndonos todo lo que podíamos, las ideas sobre puntos graves de moral eran bastante anárquicas. Ya recordarás que tú y yo, y todos nuestros amigos, no pecábamos de escrupulosos, ni de rigoristas, y que el matrimonio no nos imponía ningún respeto. Es esto verdad, ¿sí o no? (pág. 1033).

El interés de Rafael por conocer más a fondo la realidad que le rodea pudiera interpretarse como un esfuerzo suyo por tratar de integrarse socialmente, amoldándose a los nuevos cánones; pero la idea del ciego no previene de su interés por adaptarse a los acontecimientos, sino de su descarriada imaginación. Rafael había vaticinado que su hermana Fidela moriría a consecuencia de una enfermedad contraída un poco después de haberse efectuado la boda:

—Yo diagnosticaré —dijo el ciego con altanería, y sin mostrar pena por su querida hermana.
—¿Tú?
—Yo. Sí, señor. Mi hermana se muere. Ahí tiene usted el pronóstico y el diagnóstico, y el tratamiento, y el término fatal... se muere... Que se muere, digo. Lo sé, lo adivino: no puedo equivocarme (pág. 1016).

Rafael se equivocó rotundamente en su pronóstico, pues Fidela mejoró rápidamente y recobró totalmente la salud.

Volviendo al párrafo anterior, en que Rafael nuestra interés por conocer la realidad que le rodea, puede afirmarse que el deseo del ciego por conocer las normas de conductas sociales no obedece en lo más mínimo a su interés por integrarse nuevamente al seno familiar. Lo que busca Rafael con sus indagaciones sobre las costumbres es volver a encontrar la confianza en sí mismo, que había perdido al fallarle el pronóstico sobre la muerte de Fidela. Un poco después el ciego imagina que su hermana tiene un amante:

...Soy ciego de vista, pero no de entendimiento. Con los ojos de la lógica veo más que nadie, y les añado el lente de la experiencia para ver más...
Pues he visto, ¿cómo le diré?, he visto que a mi pobre hermana la coge de medio a medio aquél principio, llamémoslo así, y que alentada por la indulgencia social, se permite...
—¡Calla! ¡Esto no se puede tolerar! —exclamó Morentín furioso, o hablando como si lo estuviera—. ¡Injurias infamemente a tu hermana!... Pero ¿has perdido el juicio?...
—Sí, sí, y ese amante eres tú. No me lo niegues. Si te conozco. Si sé tus mañas, tu relajación, tu hipocresía. Amores ilícitos, siempre que no se llegue al escándalo...
—No puedo confesarte lo que es invención de tu mente enferma... Vamos, Rafael, suéltame... (pág. 1034).

Si por lo menos tuviese la capacidad de adivinar el futuro lograría de alguna manera serle útil a su familia, obteniendo de esta forma parte del amor que ha perdido. Pero Rafael se ha vuelto a equivocar en su predicción del futuro. Verdad que Morentín abriga algunas esperanzas de llegar a conquistar a Fidela algún día; pero la integridad de esta mujercita que a primera vista parecía una presa fácil, hace que Morentín desista de sus propósitos. Rafael ha estado interesado en conocer las normas actuales de conducta sólo para probarse que no se equivocaba al predecir el futuro. Habiendo fallado en ambos vaticinios, en vez de recobrar la confianza en sí mismo Rafael se hunde cada vez más en la desesperación a medida que avanza hacia el suicidio. Su tentativa de volver a ser el centro de atención familiar convirtiéndose en «adivino» hay que situarla paralelamente a su anterior fuga del hogar, que tuvo la misma finalidad.

Dentro de las causas psicológicas del suicidio, puede situarse el desmedido orgullo de Rafael. Desde el punto de vista galdosiano, este elemento aparece en primer plano en la motivación suicida. En *Realidad* el orgullo juega un papel preponderante con relación al aislamiento, o la enajenación, social y familiar. Pero si en el caso de Federico Viera el orgullo desempeña un papel importante, el remordimiento parece ser la causa principal del suicidio. En el caso de Rafael del Águila, el orgullo representa el motivo principal del suicidio; pero ahondando más en la mentalidad del ciego puede verse que este sentimiento se halla unido a otros muchos de orden psicológico-social.

El ciego fue durante muchos años el centro de atención familiar. A él se prodigaban todas las atenciones habidas y por haber, llegando a ser algo más que un hermano para Fidela y Cruz. Debido a su condición física necesitaba una atención mucho mayor que la que se prodigaría a un hermano, de aquí que fungiera como hijo de ambas mujeres. Mientras estuvo seguro de que disfrutaba enteramente de la atención y el cariño de ambas, no se manifestó en él la tendencia suicida; pero con la pérdida de la atención de que era objeto se fue separando paulatinamente de ambas mujeres. Quizá la primera que perdió su cariño como «madre» fue Cruz, debido a que ésta fue la principal instigadora del matrimonio. El cariño de Fidela fue más duradero; pero con su matrimonio con Torquemada le ha dado un golpe mortal al amor que por ella sentía Rafael. A medida que el ciego ha ido perdiendo el cariño de sus hermanas, ha ido también separándose gradualmente de la realidad exterior, y los numerosos desvaríos ponen en duda el estado mental de Rafael.

Tanto Cruz como Torquemada estimaban que el ciego no andaba muy bien de la cabeza:

«La opinión de Cruz sobre el estado cerebral de su desdichado hermano era más pesimista que nunca, a pesar de que el pobrecito no desentonaba ya, ni reía sin motivo, ni se irritaba.
...A lo que contestó don Francisco que su cuñado no regía bien del cerebro, y que más tarde o más temprano había de salir con alguna gran *peripecia* (pág. 1065).

Ambos tenían sobradas razones en que basar sus sospechas, pues la conducta de Rafael no tenía nada de normal. Cruz había notado en varias ocasiones que aunque Rafael tenía momentos en que su conducta no denunciaba ninguna anormalidad cerebral, a veces se comportada de manera extraña: «Si la tarde fue plancentera para el pobre ciego, por la noche notóle su hermana muy inquieto, con cierta reversión a las antiguas manías que ya parecían olvidadas» (pág. 1060).

Fidela, por otra parte, contribuye a debilitar la precaria situación mental de su hermano, ya que cada vez le presta menos atención a Rafael:

Sus amores de familia se condensaron siempre en Rafael. Pues en aquellos días no hacía gran caso de su hermano, ni se afanaba por si comía bien o mal, o si estaba de buen humor. Verdad que los cuidados de su hermana la relevaban de toda preocupación respecto al ciego, y éste, después de la boda, no pasaba tantas horas en dulce intimidad con la señora de Torquemada. Habíase iniciado entre uno y otro cierto despego, que sólo se manifestaba en imperceptibles accidentes de la acción y la palabra, tan sólo notados por la agudísima, por la adivinadora Cruz (pág. 1069).

Fidela siempre se ha preocupado enormemente por su hermano; pero como también tiene que prestarle atención a su esposo, no puede dedicarle al ciego tanto tiempo como antes. Poco a poco Fidela ha ido separándose de su hermano y éste de ella. Pero si ella ve un futuro mejor en el hijo de Torquemada que ya lleva en sus entrañas, el ciego sólo percibe que ha ido poco a poco perdiendo el cariño de su madre-hermana.

Con el nacimiento de Valentinito, el hijo de Fidela y Torquemada, Rafael pasa del plano de «hijo» al de «huérfano». Aquel que había sido niño mimado durante tantos años, se halla ahora en un segundo plano. Las atenciones que tan pródigamente le proporcionaban Fidela y Cruz en el pasado son ahora un artículo de lujo para Rafael, pues toda la atención de sus hermanas se centra en el hijo verdadero, no en el «improvisado»:

...Antes del nacimiento de Valentinico era Rafael el niño de la familia, y en la época de miseria, un niño mimado hasta la exageración. Claro que sus hermanas le querían siempre; pero la nueva vida les distraía en mil cosas y en los afanes que ocasiona una casa grande. Le atendían, le cuidaban; pero sin que fuera él, como en otros tiempos, la persona principal, el centro, el eje de toda la vida... aunque las hermanas tenían siempre para Rafael cariño y atenciones, nunca eran éstas como las que al chiquitín consagraban... (pág. 1088).

Por fin lo que tanto temía Rafael, el quedar relegado en el cariño de sus hermanas, ha ocurrido. El pobre ciego trató desesperadamente de evitar el casamiento de Fidela. Si bien se equivocó en sus predicciones sobre la muerte de su hermana y sobre la posible infidelidad de ésta a Torquemada, no se equivocó al suponer que con el matrimonio perdería su antigua posición en el afecto de sus hermanas. Nunca expresó abiertamente que temía perder el amor de Cruz y de Fidela;

pero sus acciones indican claramente que ésta era su mayor preocupación. Con la certeza de esta pérdida se da cuenta de que él está de más; y que en vez de una ayuda para su familia, su persona presenta una carga:

Así lo pensaba Rafael en sus murrias, llenas de amargura negra: «Soy el pasado, un pasado que gravita sobre ellas, que nada les da, que nada les ofrece; y el niño es el presente, risueño, y un porvenir... que interesa como incógnita.»
Su imaginación siempre en ejercicio le representaba los hechos usuales informados por su idea. Creía notar que su hermana Cruz, al ocuparse de él, lo hacía más por obligación que por cariño; que algunos días le servían la comida de prisa y corriendo, mientras que se entretenían horas y más horas dándole papillas al mocoso. Figurábasele también que su ropa no se cuidaba con tanto esmero. A lo mejor, le faltaban botones o aparecían descosidos que le molestaban. Y en cambio, las dos señoras y el ama consagraban días enteros a los trapitos del crío (págs. 1088-1089).

Rafael se da cuenta de que no puede competir con el recién nacido por el cariño de sus hermanas. Como bien dice, él representa el pasado y no tiene nada que ofrecer. Mientras sus hermanas estuvieron solas con él en la pobreza, la presencia del ciego impulsaba a Cruz y a Fidela a seguir luchando por la vida. Todos lo soportaban por tal de que a Rafael no le faltase nada, y el cariño de ambas mujeres se volcaba en él. Al menos en este sentido era útil; pero con el advenimiento de Valentinito la utilidad de Rafael como objeto amado desaparece, pues el amor maternal de las hermanas pasa a Valentinito.

El ciego acogió a su sobrino con indiferencia al principio; pero a medida que ve que el pequeño ha venido a ocupar la posición que antes le pertenecía la agresividad de Rafael se centra en él:

...Más transcurrido algún tiempo, Rafael empezó a sentir hacia su sobrinito una brutal aversión, que con ningún razonamiento podía dominar. El sentimiento de su impotencia para vencer aquel insano impulso era tan afectivo y claro en su alma como el espanto que le causaba... Fue tan vivo una tarde el instintivo aborrecimiento a la criatura, que por apartarla de sí con prontitud, para evitar un acto de barbarie, a punto estuvo de dejarla caer al suelo (pág. 1090).

Esta agresividad de Rafael hacia Valentinito aumenta cada vez más. En el párrafo citado anteriormente es Galdós quien habla penetrando en los más íntimos pensamientos del protagonista, previniendo de esta forma que los demás personajes se enteren de las intenciones del ciego hacia el niño; pero algo más adelante, el propio Rafael comunica a otro personaje, Zárate, los pensamientos que hasta el presente habían sido solamente suyos:

—Zárate, demonio de Zárate, ¿dónde estás?... Por amor de Dios...
—clamaba con voz ronca—. Toma el niño, cógele, hombre, cógele pronto..., que si no le estrello contra el suelo... (pág. 1092).

Con este comportamiento tan estrafalario lo único que consigue Rafael es enajenarse cada vez más de su familia, acercándose así al aislamiento total que resultará en suicidio. El propio ciego se da cuenta de su calidad de enajenado y así lo confiesa a Torquemada:

Padezco porque *me siento demás en el mundo y en mi familia*,[17] porque me he equivocado en todo... Empiezo por usted, que me ha dado el gran petardo, porque no sólo le admite la sociedad, sino que se adapta usted admirablemente a ella. Crecen como la espuma sus riquezas, y la sociedad, que nada agradece tanto como el que le lleven dinero, no ve en usted el hombre ordinario que asalta las alturas, sino un ser superior, dotado de gran inteligencia. Y le hacen senador, y le admiten en todas partes, y se disputan su amistad, y le aplauden y glorifican, sin distinguir si lo que dice es tonto o discreto, y le mima la aristocracia y le aclama la clase media, y le sostiene el Estado, y le bendice la Iglesia, y cada paso que usted da en el mundo es un éxito, y usted mismo llega a creer que es finura su rudeza y su ignorancia ilustración... (páginas 1107-1108).

Estas palabras de Rafael tienen una doble significación. Por una parte reconoce que se ha equivocado en todo; por otra, el ciego reconoce perfectamente la situación de enajenación social total en que se halla.

Se conoce qué papel tan importante juega la enajenación o aislamiento en el suicidio; pero el mecanismo suicida posee otra componente importante que aún no se ha estudiado: la pérdida del objeto amado. Si Rafael no estaba enamorado de nadie, ¿Cómo sucede, pues, que él actua como si hubiese perdido algo o a alguien querido? ¿Quién o qué es ese objeto querido?

Todo parece indicar que el objeto cuya pérdida ocasiona el suicidio de Rafael es su honor que él considera menoscabado por el matrimo-

17. No aparece subrayado en el original.

nio de Fidela y Torquemada. Desde la perspectiva galdosiana, esta pérdida es básica en la estructuración de la conducta suicida del ciego. Sin embargo, el estudio del suicidio, con bases en el campo socio-psicológico, no arroja ninguna conclusión que permita asegurar que la pérdida del honor *per se* sea instrumental en la conducta suicida.[18]

Rafael ha perdido algo mucho más importante que su honor: su «madre». No a su madre natural, que había fallecido hacía varios años, sino a su nueva «madre». Una madre que participa tanto de la personalidad de Cruz como de Fidela. Esta pérdida de amor maternal tiene mucha significación en la conducta suicida de Rafael pues como indica Erwin Stengel: «la falta de amor es un factor importantísimo en la motivación suicida».[19]

La sospecha de esta «falta de amor» maternal llevó a Rafael —conjuntamente con su orgullo— a oponerse al matrimonio, a escaparse de la casa, y por último a adoptar el papel de «adivino». El objetivo de estas actitudes no fue otro que el de recobrar en parte el amor maternal perdido. Sólo después de fallar en todas sus tentativas por recuperar la posición central y el amor maternal en el hogar es que Rafael se decide a optar por el suicidio como solución a su problema vital.

De la misma forma en que el aislamiento en que se halla sumido Rafael ha ido formándose paulatinamente, la conducta suicida de Rafael también se ha ido desarrollando gradualmente. Mientras se sintió seguro en su posición central como objeto del afecto de sus hermanas no se manifestó en él ninguna tendencia suicida; pero a medida que se aproxima la fecha del matrimonio se acentúa su deseo de morir: «Mi madre no transigía con ninguna clase de ignominia. Por eso murió. Ojalá me hubiera muerto yo también» (pág. 1002).

Después de la boda, y sobre todo con el nacimiento de Valentinito, sintiéndose mucho menos seguro que antes en el afecto de sus hermanas, la idea suicida toma en Rafael una forma mucho más concreta. El ciego decide mudarse, solo, para el piso de arriba. Su hermana, que conocía sus intenciones se opone a la mudada; «pero tanto insistió Rafael, que al fin, previa consulta con don Francisco, fue autorizada la mudanza...» (pág. 1094). El ciego se halla ahora en una posición

18. Sobre este particular véase: *Suicide and Mass Suicide* de Joost A. M. Meerloo, «The Death-defying Suicide», págs. 67-69.

19. Erwin Stengel. *Suicide and Attempted Suicide.* «Motives and Causes.» pág. 52.

mucho más ventajosa que antes para llevar a cabo sus planes suicidas, ya que acabará sus días tirándose desde la ventana de su habitación a la calle.

La pérdida de su «madre» ha producido en él una profunda tristeza: «No tardó en caer en la silla [Rafael]. Su tristeza se resolvía en un vivo desprecio de sí mismo...» (pág. 1089). De acuerdo con la teoría de Freud [20] es perfectamente natural que una persona se halle en un estado de duelo después de la pérdida de un ser querido. Pero cuando el duelo va acompañado de un sentimiento de auto-desprecio, el duelo pasa a convertirse en melancolía. En este último estado mental existe una gran propensión al suicidio.

Rafael ya se siente cansado de vivir. Ha sido derrotado en todos sus intentos por tratar de imponer su voluntad a sus hermanas, ha fallado en sus predicciones, y no ha logrado recuperar la posición principal que ocupaba antes en el cariño de Fidela y Cruz:

—Desde el día de la boda —prosiguió—, desde muchos días antes, se trabó entre mi hermana Cruz y yo una batalla formidable; yo defendía la dignidad de la familia, el lustre de nuestro nombre, la tradición, el ideal; ella defendía la existencia positiva, el comer después de tantas hambres, lo tangible, lo material, lo transitorio. Hemos venido luchando como leones, cada cual en su terreno, yo siempre contra usted y su villanía grotesca; ella siempre a favor de usted, elevándole, depurándole, haciéndole hombre y personaje restaurando nuestra casa; yo, siempre pesimista; ella optimista furibunda. Al fin, he sido derrotado en toda la línea, porque cuanto ella pensó se ha realizado con creces, y de cuanto yo pensé y sostuve no queda más que polvo. Me declaro vencido, me entrego, y como la derrota me duele, *yo me voy*, señor don Francisco, *yo no puedo estar aquí*[21] (págs. 1108-1109).

Las palabras «yo me voy» y «yo no puedo estar aquí» pueden interpretarse como deseos de Rafael de no permanecer más en la casa en unión de su familia; pero lo que el ciego verdaderamente está diciendo es que ya no puede estar en el mundo de los vivos, se siente demás en una sociedad a la que no puede aportar absolutamente nada. El dato más curioso de esta confesión es que la hace nada menos que a su archi-enemigo Torquemada. Tal parece como si un capitán derro-

20. S. Freud. *General Psychological Theory*. «Mourning and Melancholia», págs. 164-179.
21. No aparece subrayado en el original.

tado estuviese admitiendo su fracaso ante el vencedor; pero la confesión aún no ha terminado:

—Tiene usted razón —añadió Rafael con desaliento, cruzando las manos—; aún me falta la más gorda, la confesión de mi error capital... Sí, porque mi hermana Fidela, de quien pensé que le aborrecería a usted, sale ahora por lo sublime y es un modelo de esposas y de madres, de lo que yo me felicito... Diré, poniendo toda la conciencia en mis labios, que no lo esperaba; tenía yo mi lógica, que ahora me resulta un verdadero organillo al cual se le rompe el fuelle... Sí, señor, y puesto a confesar confieso, también que el chiquitín, que ha venido al mundo contraviniendo mis ideas y burlándose de mí, me es odioso..., sí, señor. Desde que esa criatura híbrida nació, mis hermanas no hacen caso de mí. Antes era yo el chiquitín; ahora soy un triste objeto que estorba en todas partes. Conociéndolo he querido trasladarme al segundo, donde estorbo menos. Iré ascendiendo hasta llegar a la buhardilla, residencia natural de los trastos viejos... Pero esto no sucederá, porque antes he de morirme (pág. 1109).

Esta última parte de la confesión es mucho más significativa que la anterior; pues en ella el ciego descubre el papel tan importante que juega Valentinito en el suicidio. «Desde que esa criatura híbrida nació, mis hermanas no hacen caso de mí» quiere decir que el niño ha ocupado la posición más importante en los afectos de Fidela y de Cruz. Para Rafael, que se halla marginado de la sociedad y unido a sus hermanas por un fuerte cordón umbilical afectivo, el nacimiento de Valentinito es un golpe mortal; ya que este hecho viene a enajenarlo aún más de quienes le rodean.

Quizá porque ya había dicho a Torquemada todo lo que tenía que decir, el suicidio de Rafael ocurre en silencio. Se lanza de la ventana de su cuarto a la calle y con un golpe seco acaba con su vida:

—Por la ventana..., patio..., señorito..., ¡pum!
Bajaron todos... Estrellado, muerto (pág. 1111).

Con esas breves palabras de Pinto, el lacayo de la familia del Águila, se enteran Torquemada y el lector del trágico fin de Rafael. En *Torquemada y San Pedro* se menciona incidentalmente el duelo por la pérdida del ciego:

Desde la desastrada muerte de Rafaelito, no supieron las dos hermanas del Aguila lo que es un teatro, ni tuvieron relaciones muy ostensibles con lo que ordinariamente se llama gran mundo (pág. 1123).

Pero Rafael del Águila ha dejado de existir. ¿Y su alma, su espíritu? Todo parece indicar que Galdós no estaba interesado en la supervivencia del espíritu de Rafael. Aun después de muerto la «sombra» de Federico Viera continúa en vida y en estrecha comunicación con el espíritu de Orozco. Aparentemente Viera deja un legado moral; pues aunque sus impulsos le llevaron a cometer actos de villanía, sus altos ideales lo salvan de la muerte eterna. Rafael, por otra parte, no tiene nada que ofrecer a la posteridad excepto su desmedido orgullo, y quizá por esta razón Galdós decide acabar definitivamente con él.

Comparando el suicidio de Federico Viera con el de Rafael del Águila se puede observar que existen marcadas diferencias entre ambos. Desde el punto de vista del narrador el suicidio de Federico obedece al dictado de su conciencia, de su remordimiento. Desde el punto de vista socio-psicológico, el suicidio de Federico depende de su falta de habilidad para lograr integrarse a la sociedad. Completamente enajenado no le queda más remedio que optar por la puerta falsa del suicidio como única solución a su problema. En cambio, desde el punto de vista galdosiano, el suicidio de Rafael obedece a su desmedido concepto del orgullo de raza; y desde la perspectiva socio-psicológica, la motivación suicida del ciego se debe principalmente a la pérdida del amor maternal.

CAPÍTULO IV

Miau

Aunque *Miau* [1] (1888) fue publicada con anterioridad a algunas de las obras estudiadas, se ha preferido dejar el análisis de la conducta suicida de su principal protagonista, Ramón Villaamil, para el capítulo final de este trabajo. Tal determinación obedece a que Galdós ha penetrado mucho más en la motivación suicida de este personaje que en la de cualquiera otra de las figuras estudiadas. En el caso de *Realidad*, Federico Viera recibe atención suficiente como personaje; pero su figura comparte la escena con otro que disfruta de tanta importancia como él: Joaquín Orozco. Viera viene a servir de contraste, con sus desmedidos impulsos, a la figura angelical de Orozco. Con las dos novelas de la serie de Torquemada estudiadas sucede algo parecido. Rafael del Águila disfruta de la primacía escénica por un corto tiempo; pero en el trasfondo la personalidad de Torquemada le sobrepasa en importancia. Rafael no ha sido más que un obstáculo pasajero en la trayectoria vital del usurero. Con Ramón Villaamil no sucede así, pues su puesto como figura central no lo comparte con nadie. De aquí que el proceso suicida de Villaamil sea presentado con mayor lujo de detalles.

Tal vez por esta razón la muerte de Villaamil ha recibido una atención mayor de la crítica que la de aquellos suicidas que le preceden en este estudio. Casalduero estima que «La muerte en *Miau* es sólo huir de una vida que no tiene sentido ni se le puede encontrar; es entrar en el área de lo desconocido; es descansar, quizá para siempre. El empleado, cansado, aburrido de luchar con lo que no comprende,

1. Benito Pérez Galdós. *Obras completas.* Vol. 5.

puede presentar su dimisión antes de que llegue el cese: el hombre puede suicidarse.» [2] Siguiendo en líneas generales la idea de Casalduero, Gullón afirma que «El grotesco protagonista de caricaturas y chascarrillos se transformó en figura trascendente, personaje en lucha contra el destino-burocracia, que, afecto del azar, le excluye de sus cuadros, y sin razón, antes frente a toda razón, le repudia. Téngase en cuenta este dato: no hay motivo —ni siquiera pretexto— para que los altos poderes burocráticos decreten el ostracismo de Ramón Villaamil; su fracaso no responde a nada concreto: errores, faltas, negligencias... Es un acto gratuito del destino, un movimiento caprichoso que le zarandea, le desorienta y, por último, le destruye.» [3] Estos dos críticos mencionados hacen hincapié en la condición de desempleado de Villaamil como base a su conducta suicida. Otros, en cambio opinan de manera diferente. Alexander A. Parker, por ejemplo, cree que «Villaamil se sacude el agobiante y esclavizador peso de la sociedad y el Estado por medio del suicidio. Sólo a través de la muerte el hombre puede ser libre, porque es solamente muriendo que el hombre puede escapar del hombre».[4] Robert Weber es de la opinión que «el suicidio de Villaamil es el resultado de su visión pesimista de la vida, que finalmente se convierte en su verdadero *Weltanschauung*... Su actitud fatalista limita tanto sus posibilidades que el suicidio parece ser su única solución.» [5]

Gustavo Correa se aparta algo de las consideraciones sobre el suicidio de Villaamil expuesta para darle una mayor dimensión al héroe galdosiano:

> La figura de Villaamil en la novela *Miau* incorpora, por consiguiente, el simbolismo de la pasión a su vida personal en diversos módulos de experiencia religiosa. Al sentirse denigrado por sus semejantes frente a su sentido misional de reformas administrativas y económicas, acepta el baldón infamante que le ha sido impuesto como un destino personal que le asemeja a Cristo... En los momentos de duda agónica cree oír la voz de la voluntad divina, a través de las visiones de su nieto, y concluye que también él debe morir como Cristo, pues así lo ha decretado el Padre Eterno.

3. Ricardo Gullón. *Galdós, novelista moderno*, pág. 283.

4. Alexander A. Parker. «Villaamil-Tragic Victim or Comic Failure.» *Anales Galdosianos*. Año IV, 1969, pág. 16.

5. Robert Weber. *The Miau Manuscript of Benito Pérez Galdós*, Universidad de California. Berkeley, 1964, págs. 68-69.

La decisión, sin embargo, implica un fondo de locura al hacer el acto pecaminoso de rebeldía contra Dios (suicidio) la máxima aceptación de la final voluntad divina.[6]

Gerald Gillespie presenta una posición que no está del todo de acuerdo a la expuesta por Correa:

Claramente, nuestra fidelidad a la figura de Cristo, sea sobre la base de una tradición religiosa o cultural —si sentimos las mismas desconfianzas de Nimetz—, constituye un elemento significativo en la definición de nuestra propia sensibilidad. Propongo simplemente que la visión de Galdós obraba ya contra tales elementos residuales en búsqueda positiva de una auténtica, aunque diferente, posición moderna. Si aceptamos que Villaamil es una imagen de Cristo, bien podemos argüir, de acuerdo con Nimetz, que la red de metáforas religiosas en *Miau* es errónea desde el punto de vista artístico. Pues la identificación de Villaamil, «redentor» impotente de su nación y de su turbulento fracaso, con Cristo, como víctima ejemplar, no nos permitiría rehuir los aspectos problemáticos de su suicidio, impuesto ambiguamente.[7]

El número de citas sobre el suicidio de Villaamil pudiera ampliarse *ad infinitum*. Sirvan las mencionadas a manera de ejemplo sobre lo difícil que resulta analizar el proceso suicida desde una posición ideológica, estética, o personal, determinada, sin tener en consideración los componentes socio-psicológicos básicos para la comprensión de éste. No se pretende, tampoco, imponer el punto de vista desde el cual se ha venido estudiando el suicidio en este trabajo; pero sí señalar su superioridad sobre una visión limitada en el estudio del mecanismo suicida.

Esta superioridad estriba en la propia concepción que de la novela tenía Galdós; y que hizo patente en su discurso «La sociedad contemporánea como material novelable», pronunciado con motivo de su entrada a la Academia:

Imagen de la vida es la novela y el arte de componerla estriba en reproducir los caracteres humanos, las pasiones, las debilidades, lo grande y lo pequeño, las almas y las fisonomías, todo lo espiritual y lo físico

6. Gustavo Correa. *El simbolismo religioso en las novelas de Pérez Galdós*. Gredos. Madrid 1962, págs. 133-134.

7. Gerald Gillespie. «*Miau*»: hacia una definición de la sensibilidad de Galdós. *Cuadernos hispanoamericanos*. Madrid 250-253, octubre 1970, enero 1971, págs. 415-429 (Traducción de Julio Matas).

que nos constituye y nos rodea y el lenguaje que es la marca de la raza, y las viviendas que son el signo de la familia, y la vestidura que diseña los últimos trazos externos de la personalidad: todo esto sin olvidar que debe existir perfecto fiel de balanza entre la exactitud y la belleza de la reproducción.

Aplicando los conocimientos que se poseen sobre el suicidio en los seres humanos, puede llegarse a una mayor comprensión de éste en la obra de Galdós. Pues como muy bien afirma Angel del Río, la idea que sobre la novela tenía el escritor, «no le llevó nunca al falseamiento de la vida y de los personajes de su mundo novelesco, y así su idealismo es compatible con una ironía que a veces puede parecernos cruel».[8] Esta apreciación de del Río concuerda enteramente con la expuesta por Rafael Bosch sobre la novela en general que, «como todo género literario, tiene su base en la sociedad real y refleja imaginativa, pero adecuadamente la realidad que la sustenta».[9] De aquí la evidente ventaja que representa analizar el suicidio de Villaamil como si éste fuese una persona de carne y hueso. Pero tal estudio debe hacerse teniendo siempre en cuenta que aunque se le estén aplicando cánones humanos él no es nada más que un ente de ficción, por mucho que refleje la realidad.

A pesar de su aparente sencillez *Miau* es una de las novelas más interesantes de Galdós. Su argumento es extremadamente sencillo, pues trata sólo sobre la vida y el trágico final de un humilde desempleado —Ramón Villaamil—. Quizá lo que más despierta la atención del lector sea la profundidad con que se analizan los sentimientos del infeliz Villaamil, en su lucha por tratar de recobrar el empleo perdido. Villaamil, a diferencia de Federico Viera o de Rafael del Águila, no pertenece a la clase noble. Su cuna es humilde al igual que sus gustos y ambiciones; ama el trabajo, y su único problema vital —desde el punto de vista galdosiano— consiste en no poder recuperar su perdido puesto en el gobierno. De aquí que todos sus esfuerzos se encaminen hacia su reintegración a la fuerza laboral.

Cuando ocurren los acontecimientos Villaamil «había cumplido sesenta años» (pág. 563). Había servido al gobierno durante treinta

8. Angel del Río. *Estudios Galdosianos*. Las Américas Publishing Co. New York, 1969, página 109. El discurso de la entrada a la Academia de Galdós también fue tomado de esta obra de del Río, págs. 98-99.

9. Véase nota en la página 10.

y cuatro años y diez meses, faltándole solamente dos para jubilarse. Ya podrá imaginarse el impacto de una cesantía en un hombre de esa edad y a punto de retirarse en dos meses. Todo el porvenir que había venido labrando durante tantos años se ve por los suelos de un solo golpe; por eso no es de extrañar que su figura refleje los sufrimientos de que ha sido víctima:

Ramón Villaamil... era un hombre alto y seco; los ojos, grandes y terroríficos; la piel, amarilla, toda ella surcada por pliegues enormes, en los cuales las rayas de sombra parecían manchas; las orejas transparentes, largas y pegadas al cráneo; la barba, corta rala y cerdosa, con las canas distribuidas caprichosamente, formando ráfagas blancas entre lo negro; el cráneo, liso y de color de hueso desenterrado, como si acabara de recogerlo de un osario para taparse con él los sesos. La robustez de la mandíbula, el grandor de la boca, la combinación de los tres colores: negro, blanco y amarillo, dispuestos en rayas; la ferocidad de los ojos negros, inducían a comparar tal cara con la de un tigre viejo y tísico que, después de haberse lucido en las exhibiciones embulantes de fieras, no conserva ya de su antigua belleza más que la pintorreada piel. (pág. 554).

A pesar de su feroz aspecto, Villaamil es una buena persona que sólo se preocupa por el bienestar de su familia. Como se ve obligado, por la falta de ingresos, a desempeñar un papel de mendigo, la falta de esperanza viene a formar parte de su personalidad:

—¡Colocarme! —exclamó Villaamil poniendo toda su alma en una palabra. Sus manos, después de andar un rato por encima de la cabeza, cayeron desplomadas sobre los brazos del sillón (pág. 555).
—Pero tú, necio —dijo Villaamil, enojadísimo—, ¿has llegado a figurarte que yo tengo esperanzas? ¿De dónde sacas, majadero, que yo me forje ni la milésima parte de una condenada ilusión? ¡Colocarme a mí! No se me pasa por la imaginación semejante cosa, no espero nada, nada, y no digo más (pág. 582).

Otra de las constantes en la personalidad de Villaamil es el contraste que éste establece entre él y otros personajes que fueron sus compañeros de empleo: «Pues ese ingrato, ese olvidadizo, a quien tuve de escribiente en mi oficina siendo yo jefe de negociado de cuarta; *ese desvergonzado, que por su audacia ha pasado por delante de mí,*[10] llegando nada menos que a gobernador, tiene la poca delicadeza de mandarme medio duro» (pág. 554).

10. No aparece subrayado en el original.

El lector se halla en presencia de una persona de edad madura, sin empleo, casi sin esperanzas de recuperarlo; y con una fuerte inclinación a compararse con otros más afortunados que han logrado no sólo conservar su puesto en la maquinaria estatal sino avanzar dentro de ésta. Pero Villaamil no está solo en el mundo en lo que respecta a las relaciones familiares. Está casado y vive, en su humilde hogar, en compañía de su esposa, doña Pura; de su cuñada, doña Milagros; de su hija Abelarda; y de su nieto Luisito Cadalso, hijo de su primogénita, Luisa, muerta de tuberculosis. Víctor Cadalso, el padre de Luisito, forma también por algún tiempo parte del núcleo familiar; pero al comenzar la obra éste aún no se halla viviendo en la misma casa que Villaamil.

Como Villaamil ha perdido su empleo no le es posible hacer frente a los gastos en que necesariamente tiene que incurrir la familia para no morir de hambre. La pérdida de su papel como principal proveedor es solidaria del debilitamiento de su autoridad en la casa. Parte de esta autoridad, que se puede suponer poseyó en algún tiempo Villaamil, pasa a manos de su esposa Pura:

> Una señora cuya cara podía dar motivo a controversias numismáticas, como la antigüedad de ciertas monedas que tienen borrada la inscripción, pues unas veces, mirada de perfil a cierta luz, daban ganas de echarle los sesenta, y otras el observador entendido se contenía en la apreciación de los cuarenta y ocho o los cincuenta bien conservaditos.
> Tenía las facciones menudas y graciosas del tipo que llaman aniñado, la tez rosada todavía, la cabellera rubia ceniciente, de un color que parecía de alquimia, con cierta efusión extravagante de los mechones próximos a la frente... Pura que así se llamaba la dama... llevaba peinador no muy limpio, zapatillas de fieltro no muy nuevas y bata floja de tartán verde (pág. 553).

La hermana de Pura comparte con ella varias de sus características físicas:

> En este punto apareció otra señora muy parecida a la anterior en la corta estatura, en lo aniñado de las facciones y en la expresión enigmática de la edad. Vestía chaquetón degenerado, descendiente de un gabán de hombre, y un mandil largo de arpillera, prenda de cocina en todas partes. Era la hermana de Pura que se llamaba Milagros (pág. 553).

El otro miembro femenino de la familia, Abelarda, la hija de Villaamil y Pura, participa tanto de la fisonomía de sus padres como de la de su tía:

> No llamaba la atención por bonita ni por fea, y en un certamen de caras insignificantes se habría llevado el premio de honor. El cutis era malo; los ojos, obscuros; el conjunto, bastante parecido a su madre y tía, formando con ellas cierta armonía.[11]

Tanto la fisonomía de Villaamil —que parecía un tigre— como la de los miembros femeninos de su familia —hace que el vulgo les aplique el mote de «Miau» a todos ellos.

El primero en sufrir las consecuencias de tal apodo es Luisito Cadalso, «Cadalsito», quien tiene que padecer burlas por parte de sus compañeros de clases:

> El pobre chico de este modo burlado se llamaba Luisito Cadalso y era bastante mezquino de talla, corto de alientos, descolorido, como de ocho años, quizá de diez; tan tímido que esquivaba la amistad de sus compañeros, temeroso de las bromas de algunos y sintiéndose sin bríos para devolverlas (pág. 551).

De todos los miembros de la familia Luisito Cadalso parece ser la persona más querida por Villaamil, cosa perfectamente explicable dada la indefensión del pequeño y el carácter de confidente y mensajero que desempeña para con su abuelo. Las relaciones afectivas del desempleado para con el resto de su familia no son tan fuertes como la que posee con Cadalsito. Esto representa una reacción lógica de Villaamil, pues aquéllas que más debieran preocuparse por su situación no lo hacen debido a que se interesan más por las apariencias y por los espectáculos públicos que por él. De esta situación no está enterado sólo el lector, sino también otros personajes que participan de la narración. Paca, la vecina de los Villaamil, se da perfecta cuenta tanto de la pobreza como de los estrafalarios gustos de ellas:

> El carnicero dice que ya no les fía más aunque le ahorquen; el frutero se ha plantado, y en el pan lo mismo... Pues si esas muñeconas supieran arreglarse y pusieran todos los días, si a mano viene, una cazuela de pata-

11. Federico Carlos Sainz de Robles. «Ensayos de un censo de los personajes galdosianos...» Benito Pérez Galdós. *Obras Completas.* Vol. VI, pág. 2085.

tas... Pero Dios nos libre... ¡Patatas ellas! ¡Pobrecitas! El día que les cae algo, aunque sea de limosna, ya las tienes dándose la gran vida, y echando la casa por la ventana. Eso sí, en arreglar los trapitos para suponer no hay quien les gane. La doña Pura se pasa toda la mañana de Dios enroscándose las greñas de la frente, y la doña Milagros le ha dado ya cuatro vueltas a la tela de aquella eternidad de vestido color de mostaza para sinapismos. Pues digo, la antipática de la niña no para de echar medias suelas al sombrero, poniéndole cintas viejas o alguna pluma de gallina o un clavo de cabeza dorada, de los que sirven para colgar láminas (pág. 556).

Unido al deseo de aparentar lo que no tienen las tres «Miaus» poseen un extraordinario interés por participar de los espectáculos públicos y por asistir al teatro; pero como la entrada al teatro cuesta dinero, y ellas no poseen ninguno, se valen de Ponce —el novio de Abelarda— para conseguir las entradas:

—Hija —indicó doña Pura...—, cuando venga Ponce le dices que le matamos si no nos trae los billetes para el beneficio de la Pellegrini. Si no los tiene que los busque. Ella ha de dar billetes a los periódicos y a toda la dignísima alabarda. Créelo; si Ponce va a pedírselos, ella es muy fina y no se los negará. Nos enojaremos de veras si no los trae (página 602).

¿Pero qué tienen que ver los gustos y actitudes hacia la vida de las tres Miaus con respecto a la conducta suicida de Villaamil? Mucho, porque precisamente debido a la falta de atención familiar Villaamil se ve cada vez más enajenado de su familia; y esta enajenación es una de las principales componentes del suicidio. Como si la falta de atención por parte de su familia no fuese suficiente, Pura, su mujer, se encarga de rebajar —cada vez que se le presenta la oportunidad— al infeliz Villaamil:

...Pues sí —alzando el grito—, tú debías ser ya director, como esa es luz, y no lo eres por mandria, por apocado, porque no sirves para nada, vamos, y no sabes vivir. No; si con lamentos y suspiros no te van a dar lo que pretendes. Las credenciales, señor mío, son para los que se las ganan enseñando los colmillos. Eres inofensivo, no muerdes, ni siquiera ladras y todos se ríen de ti. Dicen: «¡Ah, Villaamil, que honradísimo es! ¡Oh el empleado *probo*!...» Yo cuando me enseñan un *probo*, le miro a ver si tiene los codos fuera. En fin, que te caes de honrado. Decir honrado, a veces, es como decir ñoño. Y no es eso, no es eso. Se puede tener toda la integridad que Dios manda y ser un hombre que mire por sí y por su familia (pág. 561).

De aquí que Villaamil se sienta mejor solo que acompañado de los miembros femeninos de su familia:

> El buen Villaamil sintió un gran alivio en su alma cuando las vio salir. Mejor que su familia le acompañaba su propia pena, y se entretenía y consolaba con ella mejor que con las palabras de su mujer, porque su pena, si le oprimía el corazón, no le arañaba la cara, y doña Pura, al cuestionar con él, era toda pico y uñas toda (pág. 562).

Con la llegada de Víctor Cadalso, el padre de Luisito, a la casa en calidad de huésped permanente, se reduce aún más la importancia de Villaamil como cabeza de familia. Víctor viene huyendo de unas tropelías que ha hecho; pero está cargado de dinero. Pura, antes de saber que Víctor traía dinero, se opuso a su estancia; pero en cuanto se enteró de lo contrario accedió a los deseos del padre de Luisito de permanecer en el hogar de los Villaamil. La hombría de don Ramón se opone a los designios de Víctor; pero Pura impone su voluntad:

> Corridas algunas horas, no pudo la «Miau» ocultar a su cónyuge que tenía dinero, pues el disimular las riquezas era cosa enteramente incompatible con el carácter y los hábitos de doña Pura. Interrogola Villaamil sobre la procedencia de aquellos que modestamente llamaba «recursos», y ella confesó que se los había dado Víctor, por lo cual se puso don Ramón muy sobresaltado, y empezó a mover la mandíbula con saña, soltando de su feroz boca algunos vocablos que asustarían a quien no le conociera.
>
> —Pero ¡que simple eres!... Si no me ha dado más que una miseria. Pues ¿qué querías tú, que le mantenga yo el pico? Bonitos estamos para eso. Le he acusado las cuarenta..., clarito, clarito. Si se empeña en estar aquí, que contribuya a los gastos de la casa. ¡Bah! ¡Que cosas dices! Que ha defraudado al tesoro. Falta probarlo...; serán cavilaciones tuyas. ¡Vaya usted a saber! Y, en último caso, ¿es eso motivo para que viva a costa nuestra?
>
> Villaamil calló. Tiempo hacía que estaba resignado a que su señora llevase los pantalones. Era ya achaque antiguo que cuando Pura alzaba el gallo, bajase él la cabeza, fiando al silencio la armonía matrimonial (página 586).

Si se exceptúa el cariño que Villaamil sentía por Luisito, puede apreciarse que el desempleado está parcialmente marginado de las relaciones afectivas de su familia. Las tres mujeres se preocupan mucho más por aparentar lo que no tienen y por darse una vida un poco más placentera asistiendo a los teatros y a los espectáculos públicos. No se puede culpar a los miembros femeninos de la familia Villaamil por tratar de hacer algo más llevadera la pobreza; pero no se dan cuenta que con su actitud están dañando la integridad psicológica de don Ramón. Éste se ve obligado a buscar fuera del hogar otros lazos afectivos que le permitan seguir siendo parte integral de la sociedad.

Contrario a lo que sucede con Federico Viera o con Rafael del Águila, Villaamil se hallaba totalmente integrado a la sociedad. Gracias a su empleo burocrático de tantos años ha logrado adquirir una serie de amistades. Cierto que no todos sus conocidos simpatizan con él; pero entre éstos hay varios que se preocupan por la situación del pobre hombre:

[Villaamil]: Para el ahogo del día (dando un gran suspiro), me he decidido a volver a molestar al amigo Cucúrbitas. Es la única persona verdaderamente cristiana entre todos mis amigos, un caballero, un hombre de bien, que se hace cargo de las necesidades... (pág. 554).

En esto entró otra visita. Era un amigo de Villaamil, que vivía en la calle del Acuerdo, un tal Guillén, cojo por más señas, empleado en la Dirección de Contribuciones (pág. 572).

El mejor amigo, entre los muchos buenos que Villaamil tenía en aquella casa, era don Buenaventura Pantoja... Visitaba con preferencia don Ramón la oficina de tan excelente y antiguo compañero... (página 611).

Distrájole de su meditación un amigo [de Villaamil] que entraba y que se fue derecho a él en cuanto le vio. Era Argüelles, *el padre de familia*, envuelto en su capa negra, o más bien, ferreruelo, el sombrerete ladeado a la chamberga... (pág. 655).

Basten estos pocos ejemplos para mostrar que Villaamil podía encontrar fuera de su hogar lazos afectivos que vinieran a sustituir aquéllos tan precarios que mantenía con su familia. Al no encontrar en el hogar la comprensión y el afecto deseados, el pobre desempleado por lo menos tenía a quien contarle sus tribulaciones, y hasta lograba algunas veces conseguir ayuda económica y esperanza de ellos.

Resumiendo lo dicho sobre Villaamil, el lector se halla en presencia de un ser no muy estrechamente unido a su familia pero con ciertas relaciones amistosas que le permiten parcialmente llenar el vacío dejado por la falta de afecto familiar. Aparte de esa necesidad que tiene toda persona de sentirse importante, de sentir que alguien se preocupa por ella,[12] Villaamil posee otra preocupación mucho más evidente: la de recuperar su empleo.

En parte todos sus actos obedecen a esta preocupación; pero su honradez no le permite recurrir a procedimientos más drásticos y menos honestos, para obtener la posición perdida:

Aunque las esperanzas de los Villaamil apenas segadas en flor, volvían a retoñar con nueva lozanía, el atribulado cesante las daba siempre por definitivamente muertas, fiel al sistema de esperar desesperando. Sólo que su pesimismo se avenía mal con el furor de escribir cartas y de mover cuantas teclas pudiesen comunicar vibración a la desmayada voluntad del ministro.
—Todo eso de esperar vacante es música —decía—. Yo sé que cuando quieren hacer las cosas las hacen saltando por encima de las vacantes, y hasta por cima de las leyes. ... He visto mil veces el caso de entrar un prohombre en el Ministerio navaja en mano, pedir una credencial de las gordas; el ministro, ¡zas!, llama al jefe del personal... «No hay vacante...» «Pues hacedla.» ¡Pataplun! Allá te va, caiga el que caiga... Pero ¿dónde está mi prohombre? ¿qué personaje de campanillas entrará en el despacho del ministro con cara *feroce* diciendo: «De aquí no me muevo hasta que me den... eso»? ¡Ay Dios mío, qué desgraciado soy y cómo me voy quedando fuera del juego!... (pág. 610).

Pero la imposibilidad de Villaamil de recuperar su empleo no depende exclusivamente de que determinada persona se decida a reponerlo en él. Como muy bien señala Gullón, siguiendo en líneas generales el pensamiento de Casalduero, la lucha del desempleado no es contra el Estado sino contra el destino:

Villaamil representa al hombre perdido en la ignorancia de los fenómenos que deciden su destino; este hombre insignificante, cuya existencia es fantasmal de puro obsesa, en las últimas páginas de la novela demuestra que vive y ha vivido impulsado por un sentimiento que caló en su alma hasta hacerse tuétano de ella: la desesperación. Fijémonos en este considerable aspecto de la novela: la evolución del protagonista va desde la manía a la cordura, desde la obsesión a la resignación desesperada. Villaamil se suicida porque en el mundo no

12. Lajos Egri. «The Importance of Being Important.» *The Art of Creative Writing*, páginas 29-36.

encuentra razones para vivir: realiza el sensacional descubrimiento de que el universo es absurdo, y al constatarlo y derrumbarse valores y creencias piensa que no vale la pena seguir viviendo.

...Galdós descubre con setenta años de anticipación los sentimientos del hombre moderno, desgajado de toda fe, sin esperanza sustentadora y de pronto situado frente a esta dramática verdad: el sentido del deber no basta para ligarle a la vida, porque el mundo desestima los valores que sostuvieron, si no crearon, la concepción del deber que hasta ahora le mantuvo en pie.[13]

Es evidente que Galdós estaba interesado en representar la angustia vital del desempleado; pero como señala Casalduero: «El tipo del cesante de los costumbristas entra en Galdós como problema social, histórico y político.»[14] Y también, aunque no lo diga el distinguido crítico, como problema psicológico; pues si bien Villaamil no es una persona de carne y hueso, sus sufrimientos son muy semejantes a los de los seres humanos. De aquí que la figura de Villaamil despierte tanto interés en el lector, quien no sólo ve en el desempleado un «tipo» literario sino un ser palpitante; cuya angustia, deseos y esperanzas comparte íntimamente. El escritor, como buen observador de la realidad, no se limita sencillamente a exponer en esta obra ciertas características del «tipo cesante», y toma en consideración tanto el aspecto social como el psicológico en la formación de la personalidad de Villaamil. Precisamente de la elaboración eslabonada, cuidadosa y metódica de las componentes socio-psicológicas de Villaamil es que se podrá establecer la trayectoria suicida de dicho protagonista. Si bien el problema del desempleo juega un papel importante en el suicidio —desde el punto de vista del autor— éste no es la única causa del trágico final de don Ramón.

Entre las causas sociales del suicidio de Villaamil se halla la enajenación familiar. Ya se ha visto cómo las tres «Miaus» se preocupan mucho más por sí mismas y por los espectáculos públicos que por Villaamil. El desempleado vive con ellas; pero casi nunca recibe verdaderas pruebas de afecto de las tres mujeres. Es una ocasión Pura llega a preocuparse por la apariencia de su esposo:

13. Ricardo Gullón. «Introducción» a *Miau*. Editorial Universitaria. Universidad de Puerto Rico. 1971, pág. 284.
14. Joaquín Casalduero. *Vida y obra de Galdós*, pág. 111.

[Pura]. Pues sea lo que sea: si te colocan, porque sí, y si no, porque no, necesitas ropa. El traje es casi la persona, y si no te presentas como Dios manda, te mirarán con desprecio, y eres hombre perdido. Hoy mismo llamo al sastre para que te haga un gabán. Y el gabán nuevo pide sombrero, y el sombrero, botas.

Villaamil se asustó de tanto lujo; pero cuando Pura adoptaba el énfasis gubernamental no había medio de contradecirla. Ni se le ocultaba lo bien fundado de aquellas razones, y el valor social y político de las prendas de vestir; y harto sabía que los pretendientes bien trajeados llevan ya ganada la mitad de la partida (pág. 587).

Pero esta preocupación de Pura obedece a motivos egoístas, pues lo único que busca con que su esposo vista decentemente es que éste logre conseguir empleo. También su hija, Abelarda, contribuye a la enajenación familiar del desempleado, pues sólo le proporciona malos ratos. Habíase enamorado tontamente de Víctor Cadalso, y Villaamil lo descubre:

Resistiéndose a penetrar el misterio, éste, al modo de negra sima, más profunda y temerosa cuanto más mirada le atraía con vértigo insano. Comparó rápidamente ciertas actitudes de su hija, antes inexplicables, con lo que en aquel momento oía; ató cabos, recordó palabras, gestos, incidentes, y concluyó por declararse que estaba en presencia de un hecho muy grave. Tan grave era y tan contrario a sus sentimientos, que le daba terror cerciorarse de él. Más bien quería olvidarlo o fingirse que era vana cavilación sin fundamento razonable (págs. 642-643).

Abelarda, que no andaba muy bien de la cabeza, agobia a su padre con sus desastrosos amores y siente placer en herir a Villaamil:

Callaron ambos, y a poco Abelarda miró a su padre. Le retozaba en el alma un sentimiento maligno, un ansia de mortificar al bondadoso viejo, diciéndole algo muy desagradable... (pág. 642).

No es de extrañar, dada la situación a que tiene que enfrentarse en el hogar, que Villaamil vaya a buscar fuera de éste la tranquilidad de espíritu que allí no logra encontrar:

Villaamil, desde que empieza a entrar gente [a su casa], se iba a la calle, renegando de la tal tertulia, y se pasaba en el café un par de horitas oyendo hablar de crisis... (pág. 622).

Las salidas de Villaamil, sin embargo, no se limitaban sólo a los cafés. En innumerables ocasiones sus pasos recorrieron las dependencias estatales en busca del deseado empleo y en pos de la palabra de afecto que mitigase en algo su soledad. Don Ramón está verdaderamente tratando de recuperar su antigua posición en la maquinaria estatal; pero también está buscando mantener su integración en el seno de la sociedad. Mientras tenga amigos, mientras tenga esperanzas, tendrá una razón para seguir viviendo; pero cuando le falten, no. Al principio de estos paseos casi todas sus amistades se hacían eco de las desgracias del desempleado; pero con el pasar del tiempo su presencia llega a ser molesta y algunos hasta se burlan del pobre Villaamil:

> Al ver a Villaamil escondieron el nefando pliego, pero con hilaridad mal reprimida denunciaban la broma que traían y su objeto. Ya otras veces el infeliz cesante pudo notar que su presencia en la oficina (faltando de ella Pantoja) producía un recrudecimiento en la sempiterna chacota de aquellos holgazanes. Las reticencias, las frases ilustradas con morisquetas al verle entrar, la cómica seriedad de los saludos, le revelaron aquel día que su persona y quizá su desventura motivaban impertinentes chanzas, y esta certidumbre le llegó al alma. El enredijo de ideas que se había iniciado en su mente y la irritación producida en su ánimo por tantas tribulaciones, encalabrinaban su amor propio, su carácter se agriaba, la ingénita mansedumbre trocábase en displicencia y el temple pacífico en susceptibilidad camorrista (pág. 653).

Poco a poco los lazos afectivos que unen a Villaamil con su familia y con sus amistades han ido debilitándose hasta el punto de sumirlo en un estado casi total de aislamiento. A medida que don Ramón ha ido marginándose de los lazos filiales y afectivos, su mente ha ido deteriorándose hasta degenerar en la locura:

> Revolvió los ojos a una parte y otra, y viéndose rodeado de tantas caras [Villaamil], alzó los brazos como si exhortara a una muchedumbre sediciosa, y lanzó un alarido salvaje gritando:
> —¡Vivan los presupuestos nivelados!
> Salió de la oficina arrastrando la capa y dando traspiés.
> El buen Pantoja, rascándose con el gorro, le siguió con mirada compasiva, mostrando sincera aflicción:
> —Señores —dijo a los suyos y a los extraños— pidamos a Dios por nuestro pobre amigo, que ha perdido la razón (pág. 655).

¿Pero es que Villaamil se ha vuelto loco por estar desempleado? Indudablemente Galdós pone muchísimo énfasis en el problema del desempleo; pero éste no es causa suficiente para motivar la locura. Deben existir, por lo tanto, otros factores que determinan la enajenación mental del desempleado. Entre aquéllos están la enajenación social y familiar ya estudiadas, las burlas de que es objeto, y la constante falta de esperanza. Su visión del mundo nunca fue muy placentera («En este mundo no hay más que egoísmo, ingratitud, y mientras más infamias se ven, más quedan por ver...» (pág. 555), se hace más negra después de todo cuanto ha sufrido, y encuentra en la locura una puerta de escape. Pero este proceso de refugiarse en la locura a manera de escape de una realidad a la cual no se le puede hacer frente no es exclusiva de Villaamil. En el caso de Maximiliano Rubín ocurrió algo muy parecido. Cuando Maximiliano no tuvo fuerzas suficientes para enfrentarse a los convencionalismos sociales y al «qué dirán», primero trató de quitarse la vida y por último acabó perdiendo la razón. La locura de Villaamil tiene mucho más que ver con las condiciones socio-psicológicas que con el desempleo *per se*. Pero si la trayectoria vital de Maximiliano Rubín acaba en un manicomio, la de Villaamil continuará hasta culminar en el suicidio.

Entre las causas psicológicas del suicidio se halla la pérdida de un «objeto amado» como una de las principales razones que motivan el deseo de privarse de la vida. El objeto amado bien puede ser una persona, una abstracción, un ideal, etc.[15] En el caso de Villaamil el objeto amado viene a estar representado por el Estado. A éste ha dedicado don Ramón más de treinta años de su vida. A diferencia de otros empleados, Villaamil toma muy en serio su trabajo. No ve su empleo como algo que le sirve para ganarse la vida, sino que verdaderamente está interesado en mejorar el Estado:

> «...Yo he procurado siempre el bien del Estado, y he atendido a defender en todo caso la Administración contra sus defraudadores. Jamás hice ni consentí un chanchullo, jamás, Señor, jamás. Eso bien lo sabes tú, Señor... Ahí están mis libros cuando fui tenedor de la Intervención... Ni un asiento mal hecho, ni una raspadura... ¿Por qué tanta injusticia en estos jeringados gobiernos? Si es verdad que a todos nos das el pan de cada día, ¿por qué a mí me lo niegas? Y digo más: si el Estado debe favorecer a todos por igual, ¿por qué a mí me abandona?... ¡A mí que

---

15. Freud. *General Psychological Theory*, pág. 164.

le he servido con tanta lealtad! Señor, que no me engañe ahora...
Yo te prometo no dudar de tu misericordia como he dudado otras veces;
yo te prometo no ser pesimista, y esperar, esperar en Ti. Ahora, Padre
nuestro, tócale en el corazón a ese cansado ministro, que es una buena
persona; sólo que me le marean con tantas cartas y recomendaciones»
(páginas 640).

Villaamil le pide a Dios aquello que tanto ha pedido en vano a los
hombres: su antiguo empleo. Durante mucho tiempo estuvo el infeliz
desempleado mandando misivas a sus amistades y conocidos en los
ministerios con objeto de recuperar su empleo; pero ninguna de las
respuestas fue afirmativa. Cierto que muchas veces le ayudaron económicamente a mitigar la penuria de su situación; pero en lo que se refería
a su empleo nunca logró nada concreto. Esas palabras dichas al Señor
en plegaria sincera reflejan la actitud de Villaamil hacia el Estado; pero
el Estado es incapaz de reciprocar la fidelidad y el amor que por él
siente don Ramón.

Teorías más recientes sobre el suicidio toman en consideración
otros factores además de la pérdida del objeto amado. Por ejemplo,
Leonard M. Moss y Donald M. Hamilton, consideran que en los
casos de suicidio coexisten, consciente o inconscientemente, otras determinantes básicas en el acto suicida:

> a) Una promesa de esperanza, o mayor satisfacción futura...
> b) Hostilidad o agresividad dirigida contra personas importantes,
> sobre quienes recae la culpabilidad por las frustaciones presentes...
> c) Una expresión de falta de esperanza o frustación...[16]

Esta última de las determinantes básicas del suicidio, «la falta
de esperanza», es la que primero se manifiesta en la personalidad de
Villaamil. Desde el principio de la obra, la desesperanza parece ser
parte integral de la personalidad de don Ramón:

> ... se oyó desde fuera la voz iracunda de Villaamil gritando:
> —No me vengas a mí con optimismos de engañifa. Te digo y te
> redigo que no entraré en la combinación. No tengo ninguna esperanza,
> pero ninguna, me lo puedes creer. Tú, con esas ilusiones tontas y esa
> manía de verlo todo de color de rosa, me haces un daño horrible, porque
> viene luego el trancazo de la realidad, y todo se vuelve negro (pág. 570).

16. Leonard M. Moss y Donald M. Hamilton. «Psychotherapy of the Suicidal Patient.» *Clues
to Suicide*, págs. 99-110.

La falta de esperanza nunca abandona a Villaamil. Llega a resignarse con su destino poco antes de quitarse la vida; pero como muy bien señala Eoff, esta aparente resignación obedece a su desvinculación de la realidad.[17]

En cuanto a «una promesa de esperanza, o mayor satisfacción futura», ésta no la encuentra Villaamil en el más allá, sino en la propia tierra después de haber roto todos los lazos afectivos que lo atan a la vida. Se siente libre y sin ninguna responsabilidad:

[Villaamil]: «¡Qué hermoso es esto! —se dijo, soltando el embozo de la capa, que le daba mucho calor—. Paréceme que lo veo por primera vez en mi vida, o que en este momento se acaban de crear esta sierra, estos árboles y este cielo. Verdad que en mi perra existencia, llena de trabajos y preocupaciones, no he tenido tiempo de mirar para arriba ni para enfrente... Siempre con los ojos hacia abajo, hacia esta puerca tierra que no vale dos cominos, hacia la muy marrana Administración, a quien parta un rayo... Gracias a Dios que saboreo este gusto de contemplar la Naturaleza, porque ya se acabaron mis penas y mis ahogos, y no cavilo más en si me darán o no me darán destino; ya soy otro hombre, ya sé lo que es independencia, ya sé lo que es vida, y ahora me los paso a todos por las narices, y de nadie tengo envidia, y soy..., el más feliz de los hombres (pág. 675).

Aunque Villaamil no ha muerto físicamente cuando pronuncia estas palabras, ha dejado de existir —desde su punto de vista— para los otros seres humanos. Su determinación de acabar con la propia vida ya ha tomado forma en su mente; de aquí que sienta ese sentimiento de libertad extraordinaria al no verse atado a ninguno de los lazos que lo esclavilizaban a la vida.

Con referencia a la otra componente del suicidio «la agresividad contra otras personas» mencionada por Moss y Hamilton, Villaamil en numerosas ocasiones exhibe un comportamiento agresivo hacia sus conocidos. Por ejemplo, cuando se burlan de sus planes sobre el *income tax*:

Levantóse Villaamil como si en la silla hubiera surgido agudísimo punzón... Quedóse el buen jefe de sección archipasmado al ver que la faz de su amigo [Villaamil] expresaba frenética ira, que la mandíbula le temblaba, que los ojos despedían fuego... (pág. 654).

17. Sherman H. Eoff. *The Novels of Pérez Galdós*, pág. 30.

Pero la agresividad del desempleado no se limita a gestos faciales, sino que a veces llega casi hasta la violencia física:

> Villaamil ante tal insolencia, no encontraba palabras para expresar su indignación. Acarició el respaldo de una silla, con prurito de blandirla en alto y estampársela en la cabeza a su hijo político... (pág. 665).

Ni siquiera los miembros de su familia más allegados a él se escapaban de la agresividad de don Ramón:

> Yo también las quise mucho; pero lo que es ahora las aborrezco a las dos; ¿qué digo a las dos?, a las tres, porque también mi hija me carga. Son tres apuntes que se me han sentado aquí, en la boca del estómago, y cuando pienso en ellas, la sangre parece que se me pone como metal derretido, y la tapa de los sesos se me quiere saltar... ¡Vaya con las tres *Miaus*... ¡Bien haya quien os puso tal nombre! No más vivir con locas. ¡Vaya por donde le dio a mi dichosa hijita! ¡por enamoriscarse de Víctor...! (págs. 680-681).

Hasta el gobierno, el «objeto amado» de Villaamil, es víctima de su agresividad:

> ...Dos o tres veces mudó de sitio, destrozando impíamente al pasar algunos de los arbolillos que el Ayuntamiento en aquel erial tiene plantados. «El municipio —decía— es hijo de la Diputación Provincial y nieto del muy gorrino del Estado, y bien se puede, sin escrúpulo de conciencia, hacer daño a toda la parentela maldita. Tales padres, tales hijos. Si estuviera en mi mano, no dejaría un árbol ni un farol... El que la hace que la pague..., y luego la emprendería con los edificios, empezando por el Ministerio del cochino ramo, hasta dejarlo arrasadito, arrasadito..., como la palma de la mano (pág. 679).

Andrew F. Henry y James F. Schort, que han estudiado extensamente la relación existente entre la agresividad hacia otros (homicidio) y la agresividad hacia sí mismo (suicidio), estiman que «el grado de legitimidad de la agresividad hacia otros varía directamente con las fuerzas restrictivas externas sobre el comportamiento de la persona. Cuando se requiere que el comportamiento se adapte rígidamente a las demandas de otros (cuando las fuerzas restrictivas externas son fuertes), la expresión de agresividad hacia otros se hace legítima. Cuando las restricciones externas son débiles, la agresividad consecuente a la frustración deja de ser legítima y la agresión se dirige contra la propia persona

110

que la experimenta».[18] Esto es precisamente lo que le ha ocurrido a Villaamil. Mientras mantuvo intactas sus relaciones sociales y familiares, «las fuerzas restrictivas externas» sobre él eran fuertes. A medida que se ha ido enajenando de la familia y de sus amistades, estas fuerzas se han ido debilitando. La sensación de libertad que experimenta Villaamil cuando se ha separado de todos, con la idea fija de acabar con su vida, representa la rotura de las fuerzas externas que antes tendían a modificar su conducta y a mantenerlo como un miembro integral de la sociedad. Ahora no tiene que rendirle cuentas a nadie, y puede hacer con su vida lo que mejor le venga en gana, aun destruírla.

Se ha aplicado la teoría de Moss y Hamilton al caso de Villaamil para demostrar la semejanza existente entre su suicidio y el de los seres humanos, pues como decía el propio Galdós al hablar sobre la concepción de la novela «componerla estriba en reproducir los caracteres humanos... todo lo espiritual y lo físico». Pero por mucho que Villaamil represente las características humanas nunca puede dejar de ser un ente de ficción. De aquí que su trayectoria suicida se aparte algo de aquella que le ha servido como base.

En el caso de un suicida en la vida real por mucho que se estudie su personalidad y sus motivaciones nunca se podrá penetrar dentro de su mente, y allí observar los mecanismos determinantes de su conducta. En la novela tanto el autor como el lector pueden «penetrar» la mente de los personajes y realmente «ver» cuales son sus más ocultos pensamientos. Desde su posición privilegiada el lector puede intuir o aun predecir la futura conducta del personaje. Dentro de la implícita tolerancia existente entre lector y autor éste último puede permitirse ciertas libertades con respecto a «la reproducción fiel de la vida», pues dentro de la «verdad novelesca» el escritor puede ir un poco más allá y trascender la realidad. Así lo hace Galdós en *Miau* en el proceso suicida de Villaamil con la figura de Luisito Cadalso.

Según Federico Carlos Saínz de Robles, Luisito era un «Niño hijo del desalmado Víctor y acogido en casa de su abuelo Villaamil, solicitado reiteradamente por su tía Quintina, con la que al fin vive, tras el suicidio del abuelo. Luisito —apodado «Miau» por su travieso com-

18. Andrew F. Henry and James F. Short, Jr. *Suicide and Homicide*, pág. 18.

pañero de colegio «Posturitas»— sufría extraños éxtasis, en los cuales hablaba llanamente con Nuestro Señor. Niño débil, enfermizo, desquiciado».[19] Este es, en líneas generales, el papel del pequeño en *Miau;* pero un estudio más detenido de su personalidad arroja una visión más completa sobre la función de Luisito en la obra.

En un primer plano «Cadalsito» le sirve a su abuelo en calidad de mensajero o recadero:

> Antes de salir [Villaamil], encargó a Luis la distribución de las cartas que escrito había, indicándole un plan topográfico para hacer el reparto con método y en el menor tiempo posible. No le podían dar al chico faena más de su gusto, porque con ella se le relevaba de asistir a la escuela, y se estaría toda la santísima tarde como un caballero paseando con su amigo «Canelo» [un perro] (pág. 570).

Cadalsito representa, por otra parte, una de las personas que más quiere Villaamil. En horas de desconsuelo para el desempleado el pequeño viene, con su presencia y con sus actos, a aliviar la pena de don Ramón:

> —Hijo, no te había visto. ¿Con quién vienes?...
> —Pues allí llegué hace un ratito —le dijo el abuelo, oprimiéndole contra sí—. ¿Y tú no vienes aquí a dormir la siesta? No me gusta eso; te puedes enfriar y coger un catarro. Tienes las manos heladitas. Dámelas que te las caliente.
> —Abuelo —le preguntó Luis, cogiéndole la cara y ladeándola—, ¿estaba usted rezando para que le coloquen?
> Tan turbado se encontraba el ánimo del cesante, que al oír a su nieto pasó de la risa al lloro en menos de un segundo. Pero Luis no advirtió que los ojos del anciano se humedecían, y suspiró con toda su alma al oír esta respuesta:
> —Sí, hijo mío. Ya sabes tú que a Dios se le debe pedir todo lo que necesitamos.
> —Pues yo —replicó el chicuelo, saltando por donde menos se podía esperar— se lo estoy diciendo todos los días, y nada.
> —¿Tú..., pero tú también pides?... ¡Qué rico eres! El Señor nos da cuanto nos conviene. Pero es preciso que seamos buenos, porque si no, no hay caso (págs. 640-641).

En la trayectoria suicida de Villaamil, Cadalsito juega un papel importantísimo, pues es el último lazo afectivo que lo une a la vida.

19. F. Carlos Sainz de Robles. Benito Pérez Galdós. *Obras completas.* «Censo de personajes galdosianos.» Vol. VI, págs. 1779-1780.

Sólo después que el anciano se ha asegurado del futuro del pequeño es que verdaderamente puede abandonar el mundo de los vivos:

> «... Adiós, chiquillo celestial; tu abuelo te bendice...; mejor sería decirte que te pide la bendición, porque eres un santito, y el día que cantes misa verás, verás que alegría hay en el cielo... y en la tierra... Adiós; tengo prisa... Duérmete, y si eres muy desgraciado y alguien te quita tu libertad, ¿sabes qué haces?, pues te largas de aquí...; hay mil maneras... y ya sabes dónde me tienes... Siempre tuyo» (pág. 682).

Cuando Villaamil expone estas ideas ya Luisito está al cuidado de su tía Quintina, que goza de una posición económica mucho más desahogada que las «Miaus» y fuera del alcance de su otra tía, Abelarda, que en una ocasión trató de matarle.

Todas estas funciones apuntadas anteriormente le corresponden a Cadalsito en un plano narrativo que bien pudiera compararse con la realidad cotidiana ordinaria de los seres humanos; pero como en el mundo novelesco el autor puede permitirse ciertas libertades con la realidad «ficticia», el pequeño representa otro papel que por su significación puede clasificarse como trascendente. Luisito es una especie de nexo entre Dios y Villaamil:

> Luis, el hijo de Victor y nieto del cesante Ramón Villaamil, es niño de naturaleza enfermiza, propenso a ataques, que son sin duda tara hereditaria, pues su madre murió loca y su tía Abelarda tiene igualmente raptos de locura. A Luisito en cuanto le da el ataque se le aparece Dios. Cualquiera que sea la base de este contacto con el mundo sobrenatural y la misma calidad de éste, lo cierto es que, en la vida terrenal de Luisito, hay un boquete abierto por el cual nos ponemos en presencia del Señor.[20]

En numerosas ocasiones, durante los ataques, Luisito entabla diálogo con el Creador. El muchacho se maravilla de la omniscencia de Dios; pero aunque le respeta y le teme, esto no resta para que le hable francamente de sus problemas y le pida que coloque a su abuelo. Este Dios galdosiano, a pesar de ser evidentemente un ser superior, no tiene reparo alguno en discutir las cuestiones más profundas —o más insignificantes— con el niño. En una de las últimas entrevistas entre estos

20. Joaquín Casalduero. *Vida y obra de Galdós*, pág. 114.

dos personajes, Dios le confiesa al pequeño que su abuelo no será colocado jamás:

> Entonces, ¡contro! —envalentonado por tanta benevolencia—, ¿cuándo le van a colocar?
> —Nunca —declaró el Padre con serenidad, como si aquel «nunca», en vez de ser desesperante, fuera consolador.
> —¡Nunca! No entendiendo que esto se dijera con tanta calma. ¡Pues estamos aviados!
> —Nunca, sí y te añadiré que lo he determinado Yo. Porque verás: ¿para qué sirven los bienes de este mundo? Para nada absolutamente. Esto, que tú habrás oído muchas veces en los sermones, te lo digo Yo ahora con mi boca, que sabe cuanto hay que hacer. Tu abuelito no encontrará en la tierra la felicidad.
> —¿Pues dónde?
> —Parece que eres bobo. Aquí, a mi lado. ¿Crees que no tengo Yo ganas de traérmelo para acá?
> —¡Ah!... —abriendo la boca todo lo que abrirse podía—. Entonces... eso quiere decir que mi abuelo se muere.
> —Y verdaderamente, chico, ¿a cuánto de qué está tu abuelo en este mundo feo y malo? El pobre no sirve ya para nada. ¿Te parece bien que viva para que se rían de él, y para que un ministro le esté desairando todos los días?
> —Pero yo no quiero que se muera mi abuelo...
> —Justo es que no lo quieras..., pero ya ves..., él está viejo, y, créelo, mejor le irá Conmigo que con vosotros. ¿No lo comprendes? (páginas 669-670).

Dios le confirma a Luisito que su abuelo no será jamás empleado. Este Dios, al hacer esta afirmación al niño, está definiendo una de sus facultades: la de ver el futuro. De este diálogo con el niño se desprende también que Dios está interesado en que Villaamil deje de vivir: «mejor le irá Conmigo que con vosotros». Ahora bien, si Dios puede ver el futuro es indudable que conoce la forma en que Villaamil morirá. Esto muy bien puede interpretarse como que el Dios galdosiano está de acuerdo con el suicidio del desempleado.

Esta tolerancia del suicidio por parte de Dios está completamente en desacuerdo con los cánones de la iglesia, pues como indica la *Enciclopedia* al hablar sobre la ilicitud del suicidio:

> Que el suicidio sea un pecado y grave, se ve fácilmente fijándose en que está expresamente prohibido por la ley de Dios; que se opone a la tendencia natural a vivir y al amor de caridad como que debemos

amarnos a nosotros mismos; que acarrea un daño grave a la sociedad, y, por último, que es un desacato contra el supremo Hacedor.

En efecto, el quinto mandamiento del Decálogo prohíbe el homicidio, pues como dice San Agustín (*Civitate Dei*, lib. lo., cap. xx) el precepto «no matarás» se refiere no a las criaturas irracionales, sino al hombre, y se sobrentiende, añade, no matarás ni a otros ni a ti mismo, porque el que se quita la vida a sí mismo no hace otra cosa que matar a un hombre, y se halla, por tanto, reo de homicidio, según repite el mismo santo en el capítulo siguiente.[21]

También en el Libro xix San Agustín se opone a la idea del suicidio, basándose en que cometerlo no es nada más que un acto de debilidad, y en que el hombre no es la fuente de su propia felicidad.[22]

Basten estos dos ejemplos para dejar sentado que la posición galdosiana con respecto al suicidio no está enteramente de acuerdo con la de la iglesia. Su posición refleja más bien las ideas del «Naturalismo Espiritual de la última tercera parte del siglo xix, que representa un esfuerzo para aceptar la naturaleza como el medio de actividad divina; y las dudas asociadas con las relaciones divinas del hombre estaban balanceadas por la creencia de que de alguna forma las misteriosas influencias de Dios están de acuerdo con la razón y el amor».[23] Algunas manifestaciones del Naturalismo Espiritual se vieron en la figura de Maximiliano Rubín y en la de Federico Viera. En el caso del primero de estos dos personajes se vio como Maxi se elevaba, en su locura, a un plano superior al de las otras figuras que compartían la escena con él. Mediante la «razón» lograba desprenderse de los atavismos que lo amarraban a la vulgaridad cotidiana. En el caso de Federico sucedía algo muy parecido, pues a pesar de haber pecado extraordinariamente, su espíritu —en forma de «sombra»— se remontó a la altura del de Joaquín Orozco, que representaba la comprensión y el «amor». Pero en ninguno de estos dos casos Dios venía a formar parte de la trama como sucede en *Miau*.

Galdós no le niega a Villaamil la unión con Dios. Cuando Dios le dice a Cadalsito que Villaamil «no tendrá tranquilidad sino cuando esté Conmigo» está aceptando su alma, sin importarle la forma en que haya fenecido el desempleado. Si Dios tiene la capacidad de ver el

21. *Enciclopedia Universal Ilustrada.* Espasa-Calpe. Madrid. Tomo LVIII, 1927, pág. 570.

22. San Agustín. *Civitate Dei.* Libro XIX. Image Books. Garden City, New York, 1958, página 440.

23. Sherman H. Eoff. *The Modern Spanish Novel,* pág. 148.

futuro es indudable que sabía de antemano que don Ramón se suicidaría; pero a pesar de ello lo acepta en su seno. Sin embargo, el espíritu de Villaamil no aparece jamás como aparecen el de Joaquín Orozco y el de Federico Viera en *Realidad*. Quizá sea Galdós, y no Dios, quien está condenando al olvido el espíritu del anciano desempleado.

Aunque el punto de vista galdosiano sobre el suicidio no está enteramente de acuerdo con la ortodoxia, esto no impide que el autor emplee la imagen de Cristo en la narración. Por ejemplo, cuando Villaamil se compara con El:

> Díjome también que con las iniciales de los títulos de mis cuatro memorias ha compuesto Guillén el mote de «Miau», que me aplica en las aleluyas y demás monigotes que ha pintado y compuesto contra mí. Yo lo acepto. Esa M, esa I, esa A, y esa U, son como el *Inri,* el letrero infame que le pusieron a Cristo en la Cruz... (pág. 657).

Según señala Robert J. Weber «En la versión Beta» [el segundo manuscrito de *Miau*] «Villaamil es presentado de manera distinta. En vez de una figura simpática que es obligada a suicidarse por fuerzas humanamente irresistibles, se convierte en un personaje egoísta y sin voluntad que no es capaz de hacer frente a los problemas de la vida. Galdós llevó a cabo este cambio mediante la inserción en la obra de dos imágenes irónicas: «Miau» y la imagen de Cristo.» [24] Weber, que analiza ambos manuscritos desde un punto de vista comparativo, concluye que las dos imágenes tienden a darle una mayor universalidad a la figura de Villaamil como representante de Cristo [pág. 89]. No está del todo desacertada la afirmación de Weber, pues efectivamente el empleo de ambas imágenes tiende a resaltar la semejanza existente entre la figura de Cristo y la de Villaamil; pero este mismo razonamiento bien pudiera aplicársele al Dios galdosiano que aparece como personaje en la novela, que está mucho más cerca de Jesús que Villaamil. Sin entrar a discutir las semejanzas, o la falta de éstas, en las dos versiones —ya que aquí sólo se está estudiando la versión final, «Beta»—, y sin hacer desmérito a la semejanza existente entre Cristo y Villaamil expuesta por Weber, la sigla «Miau» puede analizarse desde otro punto de vista relacionándola con el proceso suicida del desempleado.

24. Robert J. Weber. *The Miau Manuscript of Benito Pérez Galdós,* pág. 86.

Las siete variantes de «Miau» son:

1) Semejanzas con los gatos de la familia Villaamil.
2) *M*oralidad *I*ncometax *A*duanas y *U*nificación (de la deuda).
3) *M*is *I*deas *A*barcan *U*niverso.
4) *M*inistro *I* *A*dministrador *U*niversal.
5) *M*uerte *I*nfamante *A*l *U*ngido.
6) *M*orimos *I*nmolados *A*l *U*ltraje.
7) *M*uerte *I*nfamante *A*l *U*niverso.[25]

El primer «miau tiene sin lugar a dudas que ver con la fisionomía de la familia de don Ramón, que si al principio de la obra parece «un tigre viejo y cansado», luego pasa a convertirse en un gato por influjo del apodo genérico. El segundo «miau» tiene que ver con los ideales que sobre el estado tenía el desempleado, al cual tomaba muy en serio por ser el posible objeto de su libido. El tercero y el cuarto marcan la etapa en que Villaamil «halla una satisfacción temporal a manera de una superioridad 'filosófica' sobre el medio que le rodea».[26] En los tres últimos «miaus» están presentes la agresividad de Villaamil hacia otros y hacia sí mismo.

No se pretende que ésta sea la única explicación posible de la polémica sigla; pero si ella representa un cierto paralelismo entre la figura de Villaamil y la de Cristo, también refleja la trayectoria suicida del desempleado. Aunque resultaría interesante continuar analizando la significación de «miau» el hacerlo implicaría apartarse de la cuestión principal de que es objeto este trabajo; por lo tanto, se continuará este estudio con otros aspectos de la obra más estrechamente relacionados con el suicidio.

Es curioso que la primera indicación que se da en *Miau* sobre el suicidio no tenga para nada que ver con la auto-inmolación de Villaamil, sino con un enamorado que tuvo en su juventud Milagros, su cuñada:

... Mi hombre [el enamorado de Milagros], inflamándose y desvariando cada día más con su amor no correspondido; llegó a ponerse

25. Estas siglas fueron recopiladas por Teresa Silva Tena en su introducción a *Miau*. Editorial Porrúa. México, 1970, pág. XIX.
26. Sherman H. Eoff. *The Novels of Pérez Galdós*, pág. 30.

tan malo, que un día se tiró de cabeza en la prensa de una fábrica de harina, y por pronto que acudieron en su auxilio, cuando le sacaron era cadáver (pág 568).

Bien se podrá preguntar el lector qué demonios hacía este señor, que era cronista social y periodista en una fábrica de harina. El caso era que aunque el enamorado de Milagros halagaba al objeto de su amor con exageradísimos panegíricos, tenía que ganarse la vida escribiendo sobre actividades mercantiles. De aquí que su empleo le llevase a la fábrica de harina donde perdió la vida.

No se vuelve a hablar sobre el suicidio hasta más adelante, cuando Abelarda en su locura contempla acabar con su vida:

... Abelarda creyó volverse loca en aquel mismo instante, soñando como único alivio a su desatada pena salir de casa, correr hacia el viaducto de la calle de Segovia y tirarse por él. Figurábase el momento breve de desplomarse al abismo, con las enaguas sobre la cabeza, la frente disparada hacia los adoquines. ¡Qué gusto! Después, la sensación de convertirse en tortilla, y nada más. Se acabaron todas las fatigas. (pág. 621).

Abelarda se ha enamorado locamente de Víctor, su ex-cuñado; pero éste no le corresponde y en varias oportunidades la ha engañado miserablemente. Es por esta razón que la desdichada quiere dejar de vivir. La idea suicida está presente en ella por algún tiempo, pues un poco más tarde quiere «tirarse del paraíso del Real a las butacas en lo mejor de la ópera...» (pág. 626). Sin embargo, Abelarda nunca se suicida, ya que logra transferir su agresividad hacia otras personas: Víctor Cadalso, Villaamil y Cadalsito. Este último, como se recordará, fue quien más mal lo pasó, pues la desdichada trató de matarlo.

La primera indicación que da Villaamil sobre su idea suicida aparece de forma muy velada, ya que a menos que haya ido leyendo la obra cuidadosamente el lector no se da cuenta de lo que se trata:

[Habla Villaamil] —Nada..., la querencia..., hoy estoy alegre..., ya ves como me río —riendo—. *Es posible que hoy venga por última vez*, aunque... te lo aseguro..., me divierte, me divierte esta casa. Se ven aquí cosas que le hacen a uno... *morir*[27] de risa (pág. 659).

27. Las expresiones subrayadas en esta cita no lo están en el original.

La «casa» a que se refiere Villaamil es una de las dependencias estatales que él acostumbraba a visitar en sus habituales paseos. Unas líneas más adelante la idea expuesta anteriormente se refuerza; pero por su vaguedad tampoco puede decirse que alude directamente al suicidio:

[Villaamil] —Pues quédate con Dios... Me largo de paseo... Estoy contentísimo..., y de paso, compraré unas píldoras.
—¿Píldoras? Te sentarán bien.
—¡Ya lo creo!... Abur; hasta más ver, Señores, que sea por muchos años (pág. 660).

La alegría de Villaamil obedece a que ya ha roto todos los lazos que le unen a la vida, y se siente enteramente libre de hacer su voluntad. Prácticamente ya ha dejado de existir aunque aún no se haya quitado la vida. Las «píldoras» que menciona este diálogo no son tales píldoras, sino más bien «cápsulas», cilindros huecos con un fulminante en una punta y un plomo en la otra. Los pasos de don Ramón le llevan a una «botica» que no es tal cosa, sino una armería:

Fuese el pollancón por la calle de Alcalá abajo, y Villaamil, después de cerciorarse de que nadie le seguía, tomó en dirección de la Puerta del Sol, y antes de llegar a ella entró en la que llamaba botica; es, a saber, en la tienda de armas de fuego que hay en el número 3 (pág. 662).

Ya en posesión del arma fatal y determinado a cometer el suicidio, Villaamil tiene dudas sobre si llevarlo a cabo o no: «...¿Es que desmaya en mí la resolución salvadora que ha de darme libertad y paz? ¿Es que te da ahora el antojillo de seguir viviendo, cobarde? ¿Es que te halagan el cuerpo los melindres de la vida?» (pág. 674). Aparentemente don Ramón se sobrepone a estas dudas y sigue adelante con su determinación; pero antes del acto final que acabará con su vida deja un testamento a la juventud del mundo.

«Oh dichosa edad de la despreocupación y del "que se me da a mí"! Dios os la prolongue. Haced todos los disparates que se os ocurran, jóvenes, y pecad todo lo que podáis, y reíos del mundo y sus incumbencias, antes que os llegue la negra y caigáis en la horrible esclavitud del pan de cada día y de la posición social» (pág. 682).

En este testamento está también presente una crítica a la sociedad y a la clase de vida que al pobre desventurado le ha tocado vivir. Tantos años manteniendo a su familia, trabajando como un esclavo; sólo para que al final, en su vejez, quede totalmente desamparado y despreciado por casi todos sus semejantes.

Por fin se acerca el final de Villaamil. Su idea de imaginar lo contrario a lo que deseaba, para no sufrir en caso de que no lo obtuviese, le acompaña aún:

> «...Como si lo viera, este cochino revólver no sirve para nada. ¿Me engañó aquel armero indecente de la calle de Alcalá?... Probémoslo, a ver..., pero de hecho me quedo vivo...; sólo que..., por lo que pueda suceder, me encomiendo a Dios y a San Luisito Cadalso, mi adorado santín..., y... Nada, nada, este chisme no vale... ¿Apostamos a que falla el tiro? ¡Ay! Antipáticas "Miaus", ¡cómo os vais a reír de mí!... Ahora, ahora... ¿A que no sale?».
> Retumbó el disparo en la soledad de aquel abandonado y tenebroso lugar; Villaamil, dando terrible salto, hincó la cabeza en la movediza tierra y rodó seco hacia el abismo sin que el conocimiento le durase más que el tiempo necesario para poder decir:
> —Pues... sí... (pág. 683).

Y con estas palabras se da fin a la vida de Villaamil y a la novela. Lo que suceda con su cuerpo poco importa, pues al igual que Maximiliano Rubín, que acaba encerrado en Leganés, poco le interesa donde descansen sus restos:

> ... Mis restos, que lo mismo me da vayan a parar a un muladar que al propio panteón de los reyes. Lo que vale es el alma, la cual se remonta volando a eso que llaman... el Empíreo, que es por ahí arriba, detrás de aquellos astros que relumbran y parecen hacerle a uno guiños llamándole... (pág. 679).

Es una creencia bastante común que el suicidio está más bien presente en la juventud, cuando el individuo tiene mayores posibilidades de sufrir desengaños amorosos o pérdidas de cualquier otro tipo que puedan motivar la conducta suicida. Tanto en el caso de Federico Viera como en el de Rafael del Aguila el lector se halla en presencia de hombres jóvenes, y por tanto no resulta muy extraño que se hayan quitado la vida. En el caso de Villaamil, Galdós presenta a un hombre de más de sesenta años; un hombre relativamente estable, dedicado

120

por completo a su trabajo y a su hogar que se suicida. ¿Hasta qué punto coincide el personaje Villaamil con personas de aproximadamente su edad en lo que respecta a la conducta suicida?

Según Erwin Stengel «La mayor parte de las personas que se suicidan son de edad avanzada...» [28] I. R. C. Batchelor, que sostiene una posición muy similar a la de Stengel añade que «Recientes investigaciones sobre las enfermedades mentales después de la edad de sesenta años han corroborado que existe una estrecha relación entre las enfermedades depresivas y la vejez, y que recientes estudios psiquiátricos en casos de atentados suicidas también han demostrado la importancia de las enfermedades depresivas como la base común del suicidio en esta edad».[29] ¿Pero es que Villaamil sufre de una enfermedad depresiva, de una depresión? Antes de analizar este particular, conviene ver con anterioridad qué se entiende por una «depresión» o una «enfermedad depresiva». Erwin Stengel define la depresión, igualándola con la melancolía,[30] de la siguiente forma: «La depresión o la melancolía es un desorden mental que ofrece la máxima posibilidad de suicidio. Sus síntomas principales son un profundo pesimismo, un sentimiento de inutilidad, y una falta de autoestimación.» [31]

Enajenado tanto de los lazos familiares como de los sociales, comienzan a aparecer o a recrudecerse en Villaamil ciertos desórdenes de la personalidad como el continuo pesimismo:

—Cabalmente, cabalmente por eso, por ser una nulidad —afirmó Villaamil con inmenso pesimismo—... (pág. 656);

la manifiesta agresividad:

...con este revólver —cogiendo el mango del arma dentro del bolsillo y empuñándolo con fuerza— las despacho a todas... (pág. 680);

la tendencia al aislamiento:

Considerada quizá la soledad que se iba formando en torno suyo (pág. 655).

---

28. Erwin Stengel. *Suicide and Attempted Suicide*, pág. 27.

29. I. R. C. Batchelor. «Suicide in Old Age.» *Clues to Suicide*, pág. 143.

30. Ya se conoce la importante relación existente entre la melancolía y el suicidio. (S. Freud: «Mourning and Melancholia.»)

31. Erwin Stengel. *Suicide and Attempted Suicide*, pág. 60.

Por otra parte, el desarreglo de la personalidad de Villaamil presenta también algunos síntomas de una psicosis como la incoherencia de expresión y pensamiento:

[Villaamil] —Que se lo lleve..., ¡que se lo lleve con mil demonios! Mujeres locas, mujeres cobardes... Y tropezando en las paredes, corrió hacia el gabinete. Su mujer fue detrás, creyendo que iba disparado a arrojarse por el balcón a la calle (pág. 666);

y algunos gestos desaforados que aparentemente lo denuncian como maníaco-depresivo:

Revolvió los ojos a una y a otra, y viéndose rodeado de tantas caras, alzó los brazos como si exhortara a una muchedumbre sediciosa, y lanzó un alarido salvaje... [Villaamil] (págs. 654-655).

Es muy probable que éstas y otras manifestaciones del mismo tipo hayan llevado a Eoff a creer que «Una intensificación de las respuestas neuróticas se desarrolla como resultado de su falta de habilidad para sobreponerse a sus dificultades y le conduce a la locura... Aunque recobra el juicio [Villaamil], mantiene su equilibrio emocional y un sentimiento de paz solamente debido a su decisión de suicidarse; su último acto de retirada de la realidad».[32] Eoff señala que Villaamil «recobra el juicio». Esta aseveración lleva implícita en sí misma la aceptación de una locura temporal, y no la afirmación de una psicosis crónica.

Sin excluir la posibilidad de una psicosis, se debe admitir que los síntomas más abundantes en la estructura psicológica del desempleado parecen indicar una reacción nervioso-depresiva. Los que no se han establecido aún son el origen y los síntomas de una reacción depresiva. Según Frazier y Carr, las siguientes características permiten identificar una reacción nerviosa depresiva:

En el origen de cada reacción nerviosa-depresiva existe la idea de una pérdida. Esta puede ser una persona, una cosa, una idea o un ideal, un objeto... [Un empleo en el caso de Villaamil].

En una reacción anormal a tal pérdida, puede suponerse que la relación con el objeto perdido era ambivalente en grado sumo [Villaamil

32. Sherman H. Eoff. *The Novels of Pérez Galdós*, pág. 30.

quiere recuperar su empleo; pero al mismo tiempo odia la ineficiencia burocrática].

La depresión es una llamada de auxilio, un gesto en busca de ayuda y atención, una llamada, para que alguien «haga algo» [Cartas a sus amistades y jefes, salidas en busca de afecto por los ministerios, etc.], y cuyo resultado representa una forma de castigo a una tercera persona(s) [Castigo a los funcionarios que no saben comprender su «valía» y a los miembros de su familia que lo tienen en tan poco].

La manía, a pesar de su aparente oposición a la depresión, está estrechamente ligada a ella y puede interpretarse como la negación de un estado depresivo [33] [Momentos en que Villaamil parece estar loco].

También señalan dichos autores que el suicidio debe de tomarse siempre en consideración durante las reacciones nervioso-depresivas (página 21). Por lo tanto, si se acepta que Villaamil sufre una reacción nervioso-depresiva, su suicidio resulta completamente lógico desde una perspectiva psicológica. Aun tomando en consideración teorías más recientes que las de Durkheim y Freud sobre el suicidio, Galdós demuestra que no estaba muy desacertado en la descripción de este mecanismo. Moss y Hamilton se aproximan mucho en su descripción del suicida a la formulada indirectamente por el autor de *Miau*: «...Parecen coexistir tres factores determinantes en el acto suicida:

a) Una promesa o esperanza de futuro bienestar [La futura calma que hallará Villaamil después de muerto].
b) Agresividad o furia dirigida a otras personas, a quienes se culpa por las frustraciones presentes. Al no poder agredirlas directamente, la furia agresiva se vuelca sobre quien la experimenta. [Odio que siente Villaamil por los burócratas y los miembros femeninos de su familia, y que acaba llevándolo al suicidio (como resultado de la transferencia de esa agresividad a su propia persona)]...
c) Una manifestación de desesperanza y frustación continua.[34]

De todo lo expuesto se puede concluir que el suicidio de don Ramón Villaamil está perfectamente justificado, tanto desde el punto de vista de sus relaciones socio-familiares como desde el psicológico.

33. Shervert H. Frazier y Arthur C. Carre. *Introduction to Psychopathology*. The MacMillan Co., New York, 1964, pág. 20.
34. Moss, Leonard M. Donald M. Hamilton «Psychotherapy of the Suicidal Patient», *Clues to Suicide*, Editado por Edwin S. Shneidman, McGraw-Hill Book Co., Inc., New York, 1957, pág. 110

La edad del desempleado, que a primera vista parece una incongruencia en el suicidio, está perfectamente acorde con las teorías de la psiquiatría moderna. A pesar de ello, Galdós emplea elementos sobrenaturales en la consecución del ideal poético, como por ejemplo la introducción de Dios en la obra como personaje; y la comparación establecida entre la figura de Cristo y la de Villaamil. Cierto que Cristo penetra en la narración a través de los sueños o ataques de Cadalsito; pero su actuación tiene una importancia extraordinaria debido a la influencia que ejerce sobre el pequeño y sobre su abuelo. De las tres soluciones que se le ofrecen al enajenado social, la soledad total, la locura, y el suicidio, Galdós explora a profundidad las dos últimas de ellas en *Miau*.

CONCLUSIONES

Desde un punto de vista ideológico el suicidio en la novelística galdosiana estudiada ofrece varios móviles que se pueden identificar fácilmente. En el caso de Amparo, en *Tormento,* el atentado suicida de la protagonista puede interpretarse como un acto que tiende a elevar su estatura moral. Enterada de que Agustín Caballero, su futuro esposo, sabe que ella ha tenido relaciones sexuales con el cura Pedro Polo la única forma que encuentra la muchacha de probar que es digna del amor que le ofrece Agustín es suicidándose; pero el atentado suicida fracasa mediante la substitución del veneno por unos inofensivos polvos. Este atentado suicida tiene más que ver con las relaciones entre Amparo y Agustín que con los convencionalismos sociales, ya que finalmente ambos amantes se unen dando de lado a éstos.

Con Maximiliano Rubín en *Fortunata y Jacinta* sucede todo lo contrario, pues el atentado suicida de Maximiliano obedece a los convencionalismos sociales. Maximiliano no es capaz de desempeñar su función como esposo debido a sus deficiencias fisiológicas. Su esposa, Fortunata, lo engaña; pero cuando Maximiliano trata de defender su honor es malamente golpeado por el amante de Fortunata. Enclenque o no Maximiliano tiene que enfrentarse a los convencionalismos sociales que no permiten que un marido sea engañado impunemente. Varias veces piensa en el suicidio y en los pactos suicidas; pero sus propósitos nunca llegan a realizarse, porque Galdós escogió para él la senda de la locura como escape de su penosa situación.

Tanto en *Celín* como en *Marianela* el atentado o la idea suicida obedece a la pérdida del ser amado; pero en ambos casos el suicidio nunca se lleva a cabo. A Diana de Pioz, la protagonista de *Celín,* la convence el Espíritu Santo de que desista de su propósito mediante el amor divino. Marianela tampoco lleva a cabo sus planes suicidas porque sencillamente «muere de amor».

Rafael del Águila, uno de los protagonistas de *Torquemada en la Cruz* y *Torquemada en el purgatorio,* aparentemente se suicida debido a su desmedido orgullo de raza. Enfrentado con la posibilidad de tener que adaptarse a la unión de clases, Rafael no puede resistir la idea de que el usurero Torquemada venga a formar parte de su noble familia y pone fin a sus días lanzándose desde la altura de su habitación al pavimento; pero éste no es el único personaje en quien el orgullo juega un papel cimero en la motivación suicida.

En Federico Viera *(Realidad)* el orgullo de raza interviene para algo en su suicidio, pues contribuye a enajenarlo social y familiarmente; pero la causa principal de su muerte obedece al castigo que su conciencia le impone. Federico engaña a su amigo Joaquín Orozco, que es casi un santo, traicionándole con su mujer; pero como Federico se arrepiente de su pecado no muere totalmente, sino que su espíritu continúa viviendo, en armonía, con el del «santo» Orozco.

El suicidio como liberación está expuesto por don Ramón Villaamil, el principal protagonista de *Miau.* Esclavizado por más de treinta años a su familia y al Estado, Villaamil ve en el suicidio la libertad que nunca pudo alcanzar en vida.

En todos estos casos, con la excepción de *Celín,* el autor ha ido elaborando cuidadosamente todas las relaciones sociales existentes entre los personajes de manera que el suicidio esté perfectamente de acuerdo con éstas. Quizá donde se vea esto con mayor claridad es en *Miau;* pero ello no resta para que en las otras obras estudiadas se descuide el aspecto social. Por ejemplo en *Tormento,* aunque no se trata de un suicidio consumado, el atentado está plenamente justificado debido a las presiones sociales actuantes sobre la presunta suicida.

Tres de las obras estudiadas presentan alguna característica sobrenatural asociada con el suicidio. *Celín* es evidentemente una diatriba contra el suicidio por amor, y carece de elementos socio-psicológicos que permitan un serio estudio de la motivación suicida; cosa que no sucede en *Realidad* y en *Miau,* donde también aparecen los elementos sobrenaturales como parte integral de la narración. En *Realidad* la conducta suicida de Federico Viera está perfectamente justificada desde el punto de vista socio-psicológico, ya que su sombra o su espíritu

126

puede interpretarse como una extensión del super-ego de este personaje. La aparición de «Dios» en *Miau* puede achacársele a los ataques, posiblemente epilépticos, de Luisito Cadalso; quedando así estéticamente justificada la aparición del Ser Supremo en la obra.

Quizá el aspecto que mayor atención ha despertado, en lo relativo a conducta suicida de los personajes en la novelística galdosiana, ha sido la exactitud y fidelidad con que el autor describe el proceso psicológico de éstos. Aunque no existen pruebas fehacientes de que Galdós siguió determinada escuela psicológica en la creación de sus entes de ficción, hay quienes han tratado de establecer una relación entre la «psicología galdosiana» y las ideas existentes sobre la materia en época de Galdós. Por ejemplo Eoff señala que el escrito bien pudo haber seguido las ideas de Wundt y las de Juan Drumen en la creación de sus personajes.[1] E. Dale A. Randolph, que hace un estudio sobre casi todas las posibles influencias que Galdós pudo haber tenido en el campo de la psicología, estima que —por lo menos en el caso de Maximiliano Rubín— muchas de las ideas del escritor son semejantes a las de Henry Maudsley.[2] Arnold M. Penuel va aún más allá que estos dos críticos al estimar que «aunque la comprensión pre-Freudiana del inconsciente en Galdós es impresionante, su concepción de la personalidad lo es mucho más porque revela una más profunda dimensión al comparársele en la perspectiva de la psicología contemporánea. Me refiero a la psicología humanística en particular, ya que ésta representa los avances más recientes en psicología».[3]

Mientras más a fondo se estudie la obra galdosiana, mayor será el número de las posibles fuentes utilizadas por él. ¿Cómo se explica entonces que la trayectoria suicida de los personajes esté perfectamente de acuerdo con teorías que aún no se habían enunciado en la época en que escribe? Todo parece indicar que Galdós fue un agudo observador de la realidad, como lo demuestra en su narrativa. Se hace eco de las cualidades más sobresalientes o pintorescas, y trata de crear personajes que se desarrollan en una sociedad muy parecida a la sociedad en que vivió. Así como la sociedad real —aquella en que viven los seres humanos— nada surge de la nada, en la sociedad creada

1. Sherman H. Eoff. *The Novels of Pérez Galdós*, págs. 24-28.
2. «A Source for Maxi Rubin in 'Fortunata y Jacinta'». *Hispania*. Vol. 51-1, marzo de 1968.
3. Arnold M. Penuel. «Galdós, Freud, and Humanistic Psychology.» *Hispania*. Vol. 55 núm. 1, marzo de 1972.

por la imaginación galdosiana todo tiene su explicación lógica —aun el suicidio. Como bien dice Eoff, el interés de la narrativa «se centra primero en la pintura social, y de acuerdo con la tesis general, la atención se dirige más a lo funcional que a la vista descriptiva de la sociedad. Esto es, el objetivo es observar qué relaciones se hallan operando y cómo esta manera de operar produce cambio y desarrollo tanto en el individuo como en la sociedad misma».[4] Es precisamente en el desarrollo de la personalidad individual donde Galdós se nutre de la propia vida para exponer aquellas componentes del mecanismo suicida que más tarde serán catalogadas y estudiadas en detalle por las ciencias sociales y la psicología.

4. Sherman H. Eoff. *Op. Cit.*, pág. 90.

BIBLIOGRAFÍA

ADLER, Alfred. *What Life Should Mean to You*. Capricorn Books, New York, 1958.

Problems of Neurosis. Harper and Row, New York, 1964.

ALAS, Leopoldo (Clarín). *Obras completas*. «Galdós». Vol. I. Renacimiento, Madrid, 1912.

ALLEN, Walter, *Writers on Writing*. E. P. Dutton, New York, 1948.

ALLOTT, Miriam. *Novelists on the Novel*. Columbia Univ. Press. New York, 1966.

ALLISON PEERS, E. *Historia del movimiento romántico español*. Versión española de José María Gimeno. 2.ª edición. Gredos, Madrid, 1967 (2 vols.).

BATCHELOR, I. R. C. «Suicide and Old Age». *Clues to Suicide*. McGraw-Hill. New York, 1957.

BECKER, George J. *Documents of Modern Literary Realism*. Princeton University Press, 1967.

BERKOWITZ, H. Chonon. *Benito Pérez Galdós: A Spanish Liberal Crusader*. Univ. of Wisconsin Press. Madison, Wisconsin, 1948.

La biblioteca de Benito Pérez Galdós. El Museo Canario. Las Palmas, 1951.

BOSCH, Rafael. «Galdós y la teoría de la novela de Lukàcs». *Anales Galdosianos*. Año II, 1967.

La novela española del siglo XX. Las Américas Publishing Co., New York, 1970.

BRILL, A. A. *Basic Principles of Psychoanalysis*. Washington Square Press, Inc., New York, 1968.

CASALDUERO, Joaquín. «Conjunción y divergencia de vida y arte en Galdós». *Hispania*. Vol. 53, N.º 4. Diciembre de 1970.

129

Vida y obra de Galdós. Gredos, Madrid, 1951.

CHESSER, Eustace. *Why Suicide?* Arrow Books Ltd., Londres, 1968.

CORREA, Gustavo. *Realidad, ficción y símbolo en las novelas de Pérez Galdós*. Publicaciones del Instituto Caro y Cuervo, XXIII, Bogotá, 1967.

El simbolismo religioso en las novelas de Pérez Galdós. Gredos. Madrid, 1962.

CHAMBERLIN, Vernon. «The Blind and Other Physically Handicapped Characters in the Novels of Benito Pérez Galdós». Tesis doctoral. Universidad de Kansas, 1953, XV.

DALE, E. y A. Randolph. «A Source of Maxi Rubin in *Fortunata y Jacinta*». *Hispania*. Vol. 51, n.º 1. Marzo de 1968, págs. 49-56.

DEL RÍO, Ángel. *Estudios galdosianos*. Las Américas Publishing Co., New York, 1969.

DREVER, James. *A Dictionary of Psychology*. Penguin Books, Baltimore, 1967.

DUBLIN, Louis I. *Suicide*. The Ronald Press Co., New York, 1963.

DURKHEIM, Emile. *Suicide*. Traducido al inglés por John A. Spaulding y George Simpson. The Free Press. Glencoe, Ill., III, 1951.

EGRI, Lajos. *The Art of Creative Writing*. The Citadel Press, New York, 1965.

EOFF, Sherman H. *The Novel of Pérez Galdós*. Washington Univ. Studies. St. Louis, Mo., 1954.

The Modern Spanish Novel. New York Univ. Press. N. Y., 1961.

FALRET, J. P. *De l'hypocondrie et du suicide*. París, 1822.

FARBEROW, N. L. y Edwin S. Shneiman. *The Cry for Help*. N. Y., 1961.

FRAZIER, Shervert H., Arthur C. Carr. *Introduction to Psychopathology*. McMillan Co., New York, 1964.

FREUD, Sigmund. *Dictionary of Pychoanalysis*. Introducción de Theodor Reik. Fawcett Publications Inc., Greenwich, Conn., 1965.

General Psychological Theory. Introducción de Phillip Rieff. Colliers Books, New York, 1963.

The Ego and the Id. Traducción al inglés de Joan Riviere. The Norton Library. New York, 1960.

Psychoanalysis. Traducción de Joan Riviere. Washington Square Press, New York, 1924.

GIDDENS, A. «Introducción» a *Suicide* de T. G. Masaryk. New York, 1958.

GILLESPIE, Gerald. «*Miau:* Hacia una definición de la sensibilidad de Galdós». *Cuadernos Hispanoamericanos.* 250-252. Madrid, octubre de 1970, enero de 1971. Traducción de Julio Matas.

GLASSER, William. *Mental Health or Mental Illness?* Harper and Row. New York, 1970.

GREEN, Otis H. «Two Deaths: Don Quijote and Marianela». *Anales galdosianos.* Año II, 1967, págs. 131-133.

España y la tradición occidental. Versión española de Cecilio Sánchez Gil. Biblioteca Románica Hispánica. Gredos, Madrid, 1969 (3 vols.).

GROLLMAN, Earl A. *Suicide.* Beacon Press. Boston, 1971.

GULLÓN, Ricardo. *Galdós, novelista moderno.* Gredos, Nueva edición. Madrid, 1966.

«Introducción» a *Miau.* Editorial Universitaria. Universidad de Puerto Rico, 1971.

HALL, Calvin S. *A Primer of Freudian Psychology.* New York, 1961.

HENDIN, Herbert. *Suicide and Scandinavia.* Doubleday Anchor Books. New York, 1965.

HENRY, Andrew F. James F. Short, Jr. *Suicide and Homicide.* The Free Press, New York, 1954.

«The Sociology of Suicide». *Clues to Suicide.* Págs. 58-69.

HOFFMAN, Frederick J. *The Mortal No: Death and the Modern Imagination.* Princeton Univ. Press. Princeton, 1964.

HORNEY, Karen. *Our Inner Conflicts.* The Norton Library. New York, 1966.

Neurosis and Human Growth. The Norton Library, N. Y., 1959.

IWANIK, John. «A Study of the Abnormal Characters in the Novels of Benito Pérez Galdós». Tesis doctoral. Cornell University. 1949, iii.

JUNG, C. G. *The Undiscovered Self.* Traducido del alemán por R. F. C. Hull. New American Library. New York, 1957.

KLINEBERG, Otto. *Social Psychology.* Henry Holt and Co., N. Y., 1940.

LEPP, Ignace. *Death and its Mysteries.* Traducción de Bernard Murchland. McMillan Co., N. Y., 1968.

LESTER, Gene and David Lester. *Suicide.* Prentice-Hall, Englewood Cliffs, New Jersey, 1971.

MASARYK, Thomas G. *Suicide and the Meaning of Civilization* Traducción de W. B. Weist y Robert G. Batson. Introducción de A. Giddens. The University of Chicago Press. Chicago, 1970.

MEERLOO, Joost A. M. *Suicide and Mass Suicide*. Dutton Co., New York, 1968.

MONTESINOS, José F. *Galdós*. Editorial Castalia. Madrid, 1968.

MOOS, Leonard M. y Donald M. Hamilton. «Psychotherapy of the Suicidal Patient». *Clues to Suicide*. New York, 1957.

O'DEA, J. *Suicide*. New York, 1882.

OVERSTREET, Bonaro W. *Understanding Fear*. Harper and Bros., New York, 1951.

PAOLINI, Gilberto. *An Aspect of Spiritualistic Naturalism in the Novels of Benito Pérez Galdós: Charity*. Las Américas Publishing Co., New York, 1969.

PARKER, Alexander A. «Villaamil - Tragic Victim or Comic Failure?» *Anales galdosianos*. Año IV, 1969.

PENUEL, Arnold M. «Galdós, Freud, and Humanistic Psychology». *Hispania*. Vol. 55. N.º 1, marzo de 1972.

«The Ambiguity of Orozco's Virtue in Galdos' *La incógnita* and *Realidad*». *Hispania*. Vol. 53, 1970.

PÉREZ GALDÓS, Benito. *Obras completas*. Introducción de Federico Carlos Sáinz de Robles. Aguilar, Madrid, 1965. 6 volúmenes.

RABKIN, Leslie Y. *Psychopathology and Literature*. Chandler Publishing Co., San Francisco, 1966.

RIVERA, Juan Ayuso. *El concepto de la muerte en la poesía romántica española*. Fundación Universitaria Española. Madrid, 1959.

RODRÍGUEZ, Alfredo. *Aspectos de la novela de Galdós*. Estudios Literarios. Almería, 1967.

RUITENBEEK, Hendrik M. *Death: Interpretations*. Dell Publishing Co., New York, 1969.

SACKETT, Theodore A. *Pérez Galdós, an Annotated Bibliography*. University of New México Press, 1968.

«The Meaning of *Miau*». *Anales Galdosianos*. Año IV, 1969. Páginas 25-38.

SCHRAIBMAN, Joseph. *Dreams in the Novels of Galdós*. Hispanic Institute in the United States. New York, 1960.

SCHOLES, Robert. *Approaches to the Novel*. Chandler Publishing Co., San Francisco, 1966.

SHNEIDMAN, Edwin S. and Norman L. Farberow *Clues to Suicide*. McGraw-Hill. New York, 1957.

SILVA TENA, Teresa. «Introducción» a *Miau*. Editorial Porrúa. México, 1970.

SOBEJANO, Gonzalo. «Aburrimiento y erotismo en algunas novelas de Galdós». *Anales galdosianos*. Año IV, 1969.

STENGEL, Erwin. *Suicide and Attempted Suicide*. Penguin Books. Baltimore, 1969.

WEBER, Robert. *The Miau Manuscript of Benito Pérez Galdós*. University of California. Berkeley, 1964.

WELLINGTON, Marie A. «*Marianela:* Nuevas dimensiones». *Hispania*. Vol. 51. N.º 1. Marzo de 1968. Págs. 38-48.

ÍNDICE

ÍNDICE